お金《カネ》 時間《トキ》 運命《ガチャ》
から解放される、人生戦略

逆行者

ジャチヨン

藤田麗子 訳

CCCメディアハウス

日本の読者のみなさんへ

2022年に奇跡が起こった。僕の初めての著書、『逆行者』が発行から1年足らずで40万部のベストセラーになったのだ〔2023年10月には50万部を突破〕。教保文庫〔韓国の大型書店〕で5週連続1位、YES24〔国内シェアトップのインターネット書店〕で6週連続1位を記録し、2022年度の「今年の本」にも選ばれた。本の発行前、僕は知人の作家たちにいつもこう言っていた。

「この本は、きっとベストセラー総合第1位になると思います。それも長期間にわたって、ね」

しかし、信じてくれる人はいなかった。

「きみはビジネスやYouTubeの世界では認められているけど、本は絶対に売れないと思うよ。初めて書いた本がベストセラー1位になることなんて、めったにないからね」

しかし、僕の言葉は現実となった。あらゆる面で運に恵まれた。初めての著書にもかかわらず成功を収めることができたのは、「サンプリング理論」「ピカソ理論」「ファネル理論」という3つの公式を使ったおかげだ。

数学に公式があるように、人生にも公式があると僕は考える。これを〝ライフハック〟と呼ぶ。僕は『逆行者』の中で、「逆行者の7段階の公式」によって自由な人生を手に入れられると主張した。「人生に公式なんてあるもんか」と反論する人も多いが、僕は本の執筆にこの公式を当てはめてベストセラー作家になった。それだけでなく、この公式を活用することによって、働かずに数億ウォン〔数千万円〕を毎月稼ぎ出している。成功の公式は確実にある。

『逆行者』の草稿を書いていた頃、逆行者の公式1段階である〝自意識の解体〟をつねに心がけた。コンテンツ制作の初心者がやりがちなミスがある。「自分のアイディアが優れていると思い込む」ミス、そして「自分がいいと思った内容を他の人々も気に入るだろうと思い込む」ミスだ。過剰な自意識にじゃまされて、自分だけが「おもしろくて、ためになる」と考えているコンテンツを作って自己満足してしまうのである。

僕は自分の頭にある妄想を信じることはなかった。そして、20年にわたって売れ続けている本のスタイルを借りた。前半部は誰でも読みやすいように青少年でも理解できる難易度で書き、後半部に進むにつれて徐々に内容を深めていくようにした。そして、自分の専門分野について語るのではなく、誰もが自分の人生に取り入れられる内容で本書を構成した。

一般的に、売れない本はターゲットが狭すぎる（サンプリング理論）。または、ヒットした本を参考にせず、自分の独創性ばかりを追求して、誰にも理解できない本を書いてしまう（ピカソ理論）。あるいは、最初から最後まで文章構成が易しすぎたり難しすぎたりして、長く売れる本にならない（ファネル理論）。

売れる本を作る話ばかりじゃないか、って？　これは、本を売る方法に限った話ではない。すべてのことには公式と原理があるという意味だ。自由な人生を手に入れるためにも欠かせない、大事なポイントだ。この本には、自由な人生を手に入れるための公式と原理がすべて盛り込まれている。ぜひ期待してほしい。

目次

日本の読者のみなさんへ――003
逆行者とは？――009

プロローグ
■人生にも攻略法があるのなら――016
■逆行者7段階モデルとは？――021
■実行しなければ、何も始まらない――033

CHAPTER 1 僕はどうやって経済的自由を手にしたか
第1幕 3つの壁 けっして変えられないと信じていたもの――039
第2幕 一日2時間、奇跡の始まり 逆行者の最初のきっかけ――046
第3幕 背水の陣 「1万9千ウォンが入金されました」――054
第4幕 幸運の裏に隠れているもの 「これより最悪の状況があるだろうか？」――060
第5幕 人間の器 人は自分の器に見合ったお金しか稼げない――064
フィナーレ さかのぼる お金、時間、精神の自由を得る――068

CHAPTER 2 逆行者1段階 自意識を解体する
■自意識が人間をダメにする理由――081
■僕にとって、とても大切な人々――088
■自意識を解体する3ステップ――091
■人生を無駄にする特別な方法――094

CHAPTER 3
逆行者2段階
自分のキャラクターを設定する

■自分の頭をフォーマットできるなら——101
■自分を変えるソフトウェアを設置する——107
■「自由意志は存在しない」という信念について——118

CHAPTER 4
逆行者3段階
遺伝子の誤作動を克服する

■脳はどのように進化したのか——128
■進化の目的は完璧の追求ではなく、生存だ——130
■遺伝子の誤作動に打ち克つ、逆行者の考え方——132
■誤作動を克服して30億ウォンを手にする——140

CHAPTER 5
逆行者4段階
脳を自動化する

■脳を複利的に成長させるには——147
■脳の最適化1段階 22戦略——152
■脳の最適化2段階 五目並べ理論——161
■脳の最適化3段階 脳を増幅させる3つの方法——168

CHAPTER 6
逆行者5段階
逆行者の知識を身につける

■ギバー理論 逆行者は1もらったら、2を返す——182
■確率ゲーム 逆行者は

■ 勝てる確率だけに賭ける――190
■ 遺伝子に刻み込まれた、匠の精神に逆行せよ――197
■ メタ認知 順理者は、主観的な判断しかできない――207
■ 実行力レベルと慣性――213

CHAPTER 7
逆行者6段階
経済的自由を得る具体的ルートを開拓

■ お金を稼ぐ根本原理――220
■ 「経済的自由」という城を攻略する方法――231
■ あなたがサラリーマンでもニートでも、19歳でも50歳でも――237
■ 経済的自由を手にするための5つの学習法――240
■ ヤングリッチはどんな学習をしたのか?――249
■ 経済的自由へと向かうアルゴリズムを設計する――253
■ 僕をお金持ちにしてくれた「本質強化」とは?――276

CHAPTER 8
逆行者7段階
逆行者のサイクルを回す

■ 逆行者はシーシュポスの刑罰をレベルアップのチャンスに変える――282
■ いつ経済的自由が手に入るのか?――289

エピローグ

参考 僕を逆行者へと導いた本のリスト――298

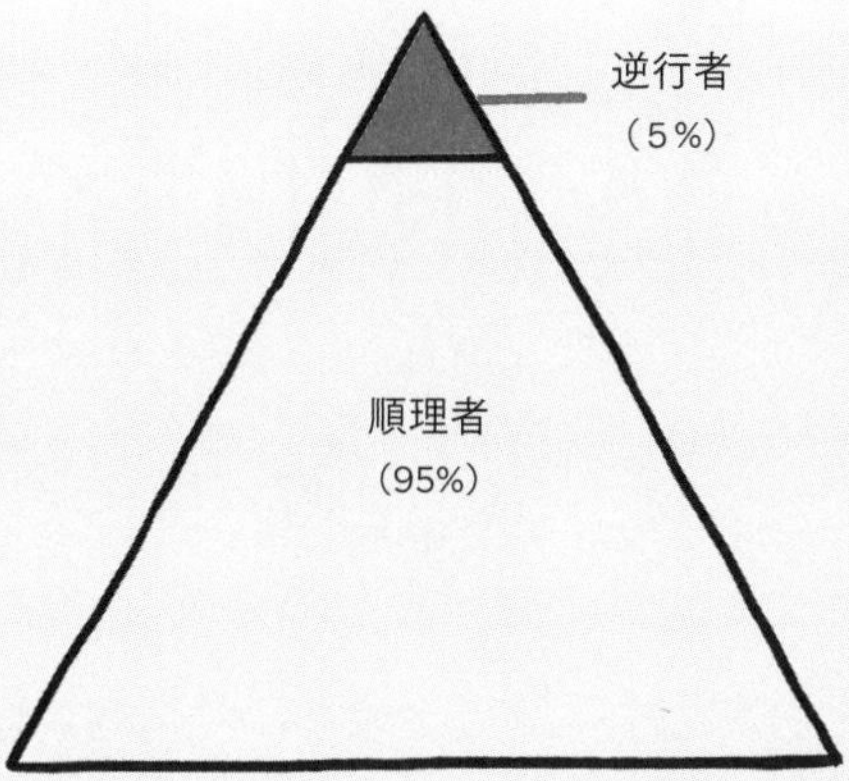

95％の人間は、生まれ持った運命に従って生きていく。
ここでは彼らを順理者と呼ぼう。

ところが5％の人間は、本能に逆らう能力を持っている。
この能力によって自由な人生を手に入れ、経済的自由を楽しむ。

遺伝子、無意識、自意識の操り人形から脱した者、
彼らのことを本書では逆行者と呼ぶことにする。

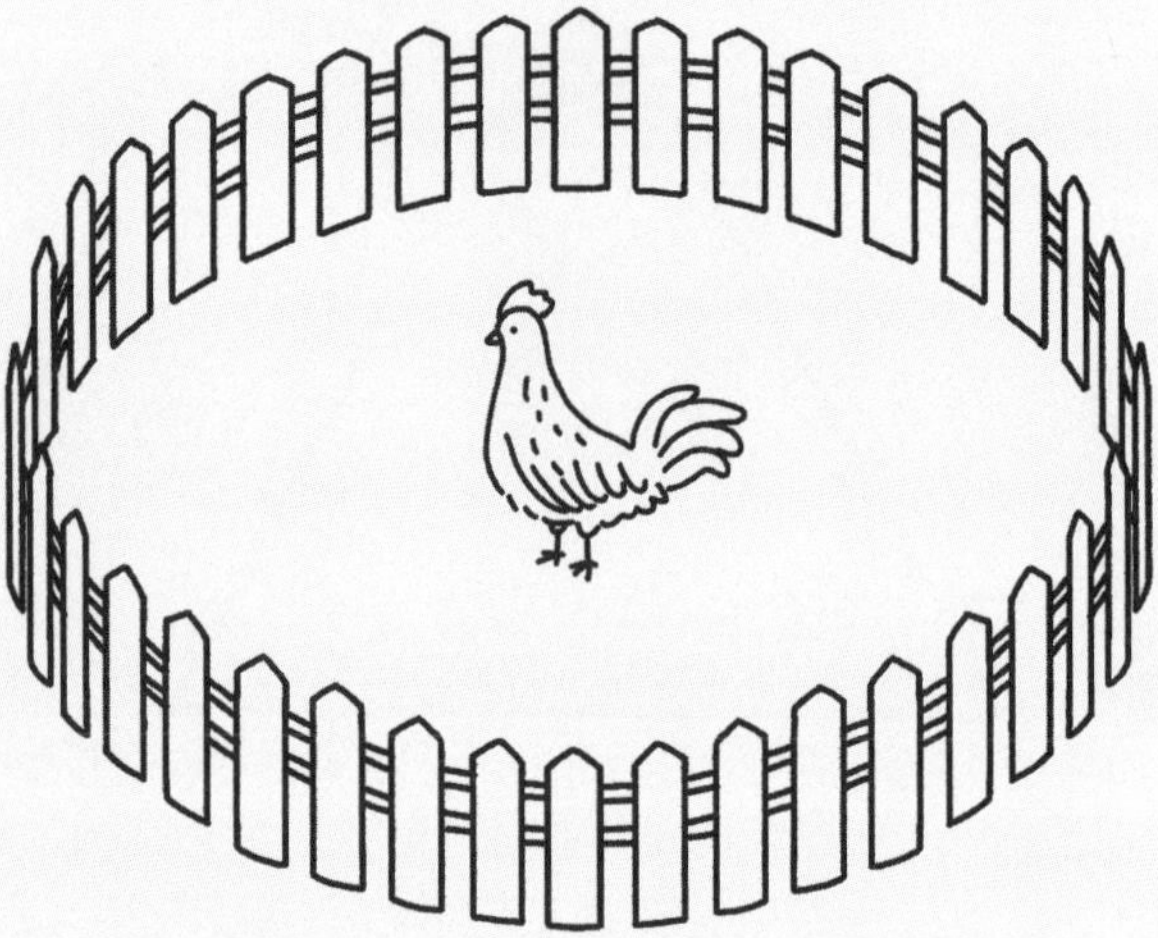

養鶏場のニワトリ*を見よ。彼らに自由意志があると言えるだろうか？　このニワトリは、行動範囲を制限されたフェンスの中で生きている。ニワトリは遺伝子の命令に従ってエサを食べ、交尾をして、たまごを産み、ときには他のニワトリとケンカをして生きていく。そして、やがてはフライドチキン**になる。人間の観点から見ると、このニワトリの運命は生まれたときから決まっている。ニワトリの活動範囲も、一生の終わりもすべて決まっている。

＊ニワトリ＝順理者として遺伝子の命令に従って生きていく
＊＊フライドチキン＝順理者として無意識の命令に従って生きたあげくに死ぬ

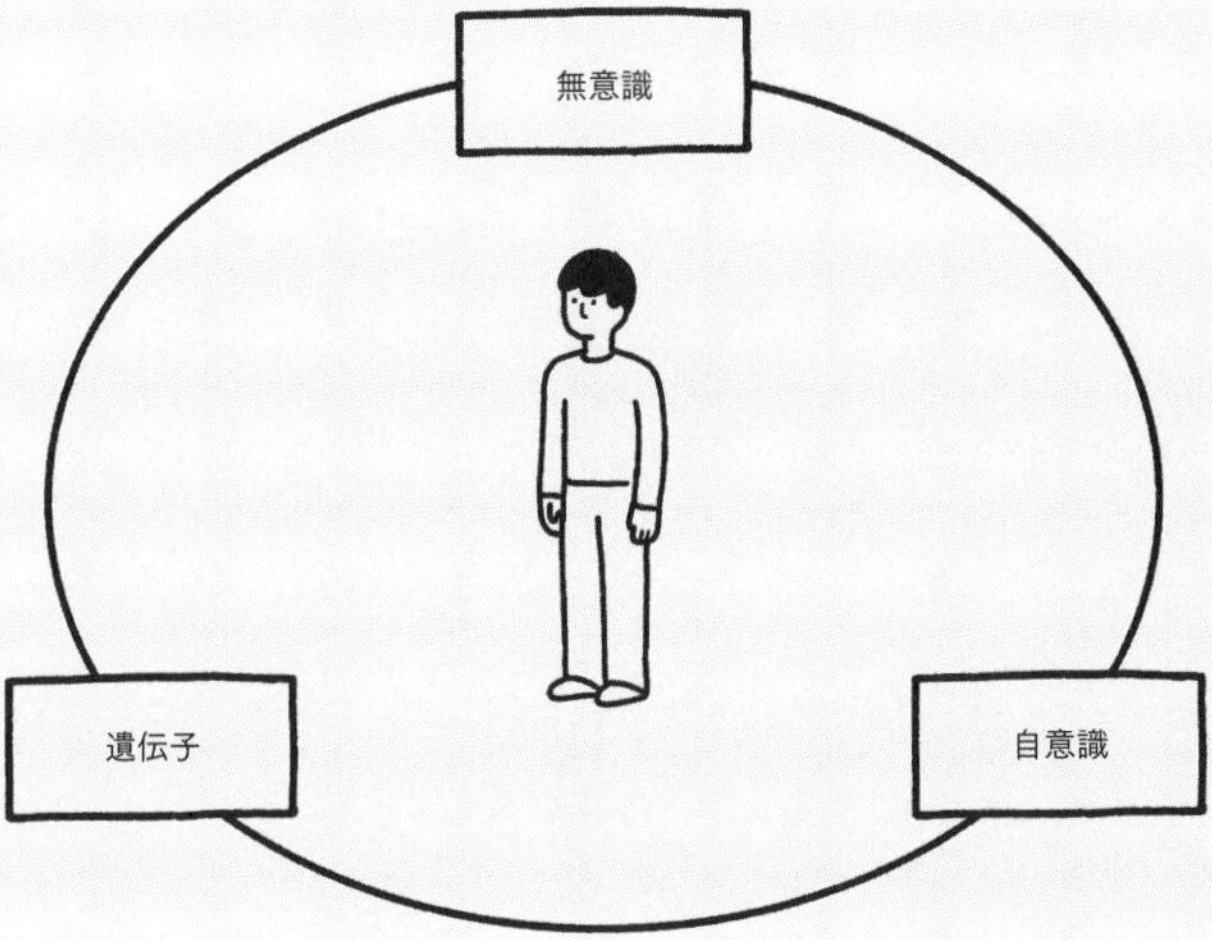

人間の一生もニワトリとそれほど変わらない。人間もフェンスで囲まれている。このフェンスは「遺伝子」「無意識」「自意識」によってできている。このやっかいなフェンスは、ニワトリのフェンスと同じように、人間の運命を決めている。人間は自由意志を持つ特別な存在だと思って生きているが、それはすべて幻想だ。みんなと同じことを考えるというのは、平凡なことを考えるということだ。平凡なことばかり考えている人は、けっして自由を手にすることはできない。

＊順理者は本人がフェンスの中にいるとは知らず、自由に生きていると錯覚

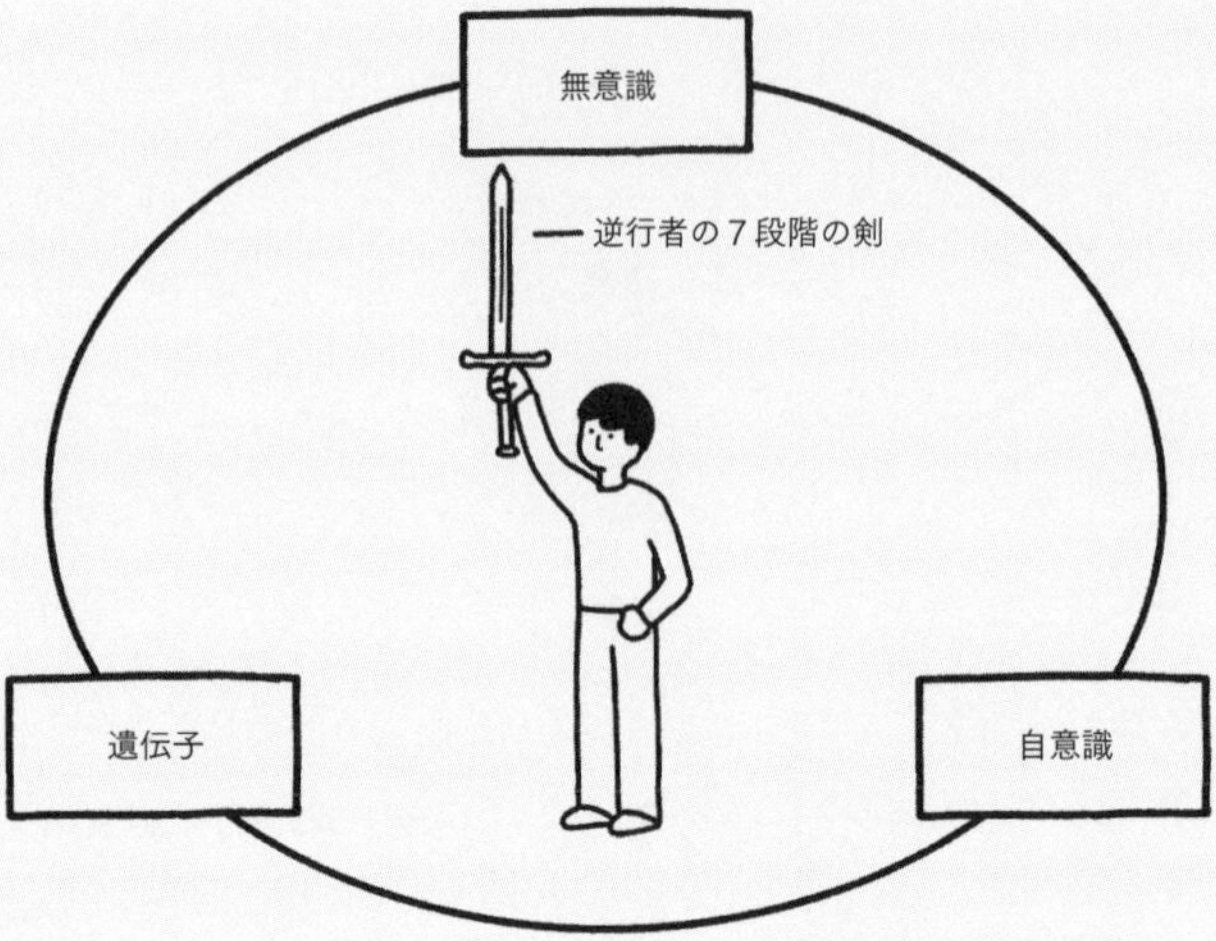

フェンスから抜け出すにはどうすればいいのか？　当然、フェンスを破らなくてはならない。運命から抜け出して*、真の自由を得るには「遺伝子」「無意識」「自意識」のフェンスを取り除かなくてはならない。ここで「フェンスを取り除くにはどうすればいいの？」という疑問が出てくるだろう。人間の運命を決めるこの頑丈なフェンスを破るには、とても鋭い剣が必要になる。

その剣こそがまさに「逆行者7段階モデル」だ。フェンスから脱出した瞬間、人間は自由な思考を持ち、特別な人生を生きられるようになる。

＊本人は気づいていないが、人間の運命は決められている。フェンスを破って、順理者の人生から抜け出そう

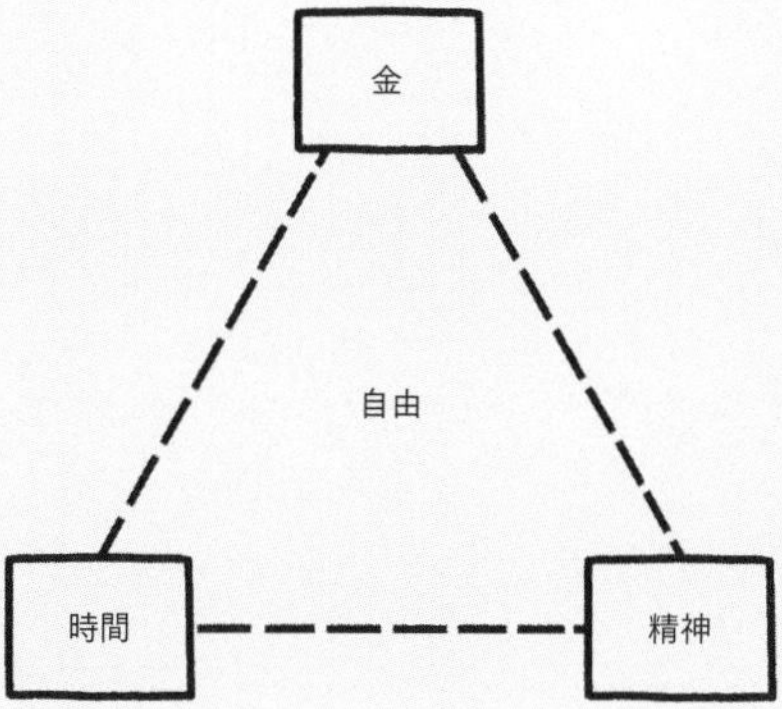

ニワトリが自分を鍛えて、トラにも勝てる〝スーパー・ニワトリ〟*になってフェンスから出てきたと仮定しよう。このニワトリは真の自由を勝ち取ったと言える。このニワトリの行き着く先は、もうフライドチキンではない。

「逆行者7段階モデル」という鋭い剣を使って、人間を閉じ込める3つのフェンスを壊して出てきたとき、僕たちが目の当たりにするのは「お金、時間、精神からの自由」だ。真の自由を得ることになるのである。僕はショーペンハウアー**が大好きだが、人生は苦痛だという彼の言葉には同意しない。人生は〝最高の遊び場〟だ。

＊スーパー・ニワトリ＝逆行者＝完璧に自由な人生を送る人＝幸せな人間
＊＊僕が一番好きな哲学者

プロローグ

30代序盤、働かなくても月1億ウォンを稼ぎ出す自動収益システムを完成させた

人生にも攻略法があるのなら

「3千万ウォンが匿名で入金されました」

若い頃、ネットゲームの中の、レベルの高いプレイヤーのことがうらやましかった。彼らはモンスターを簡単に倒してお金を稼いだ。おまけに、何もしなくてもそのお金は増えていく。もちろんサイバーマネーだが、僕から見れば彼らは世界一うらやましい人々だった。ひどく貧しくて何の取り柄もなかった僕にとって、ネトゲは唯一の逃げ場所だった。それなのに、逃げた先でも僕は人をうらやむだけだった。

そして20年の歳月が流れた。僕は実に運のいいことに、じっとしているだけで数億ウォンのお金を稼いでいる。先月は、まったく面識のない3人の青年がそれぞれ1千万ずつ送金してくれた。僕のブログを読んで、経済的自由を手に入れたことに対する〝感謝の気持ち〟だという。

いきなり金の話か、と思ったかもしれない。これがこの本の主題なのか、って？　そうではない。たしかにお金は人間にとって欠かせない要素の一つだ。でも、僕はもっと重要なものがあると信じている。それは「自由な人生」だ。僕はものすごい事業家でもないし、財閥御曹司

20歳の僕と現在の僕

みたいにお金を持っているわけでもなく、秀才でもない。それにもかかわらず、底辺からスタートして、特別な方法で完全な自由を手に入れた。

僕は、平凡な人が疲れる人生から抜け出す方法を理論化したかった。そして、今は断言できる。平凡な人でも「逆行者7段階モデル」を実践すれば、お金、時間、精神の自由を手に入れることができる、と。

学生時代、僕の人生はずっと3つの大きな壁に閉じ込められていた。勉強、お金、ルックス。成績は学年ビリ、人生詰んだ状況で、壁に閉じ込められたままゾンビのように何も考えずに生きていた。誰かに嫉妬したこともない。ご存じだろうか？　周囲との格差があまりにも大きいとき、人は嫉妬という感情すら抱けないのである。

　僕は自分を劣った存在だと思っていた。人生に何の希望もなく、死ぬまで月給２００万ウォン以上はもらえないだろうと確信していた。当時の夢は、半月団地〔半月国家産業団地。ソウル郊外の京畿道安山市に位置する韓国最大規模の産業団地〕に就職し、ワンルームで暮らしながらゲーム三昧の人生を送ることだった。現実が嫌いで、ゲームの世界が大好きだった。中高生の頃は、起きている時間をほぼゲームに費やした。机の上に5食分ぐらいの洗い物を積み上げて、廃人のようにゲームばかりしている人*をテレビなどで見たことがあるかもしれない。それが僕だった。

　成人してからもアルバイト先すら決まらなかった。難点だらけだった。ひどいニキビ面に黒ぶちメガネ、チェックのネルシャツ。まともに人と目も合わせられない。そんな社会不適合者を受け入れてくれる職場はなかった。そんな僕に一つの奇跡が起こった。


　それまで本を読むのが大嫌いだった僕は、ある1冊の本を読んだ。理由は実に単純だ。人付き合いが苦手でコミュニケーションが下手だから、会話術の本でも読めば少しはましになるかもしれないと思ったのである。内容は特に目新しいものではなかった。聞くことの重要性を説いた本だったが、書かれている通りに話をしっかり聞いてリアクションをすると、相手の態度がどんどん変わっていくのがわかった。**それまで僕をあまり仲間に入れようとしなかった人々も、僕と話したがるようになった。僕には悩みを打ち明けやすいと思っているようだった。そ

＊彼らをバカにする人も多いが、僕には彼らの気持ちがよくわかる
＊＊僕の人生のターニングポイントになった事件！

のとき、一つの希望を見た。

「ゲームと同じように、人生にも攻略法があるんだな」

僕はそれ以降、さまざまな裏技・小技をどんどん習得していった。この知識のおかげで、けっして変えられないと思っていた勉強、お金、ルックスのレベルをがらりと変えることができた。人生は地獄ではなかったのである。永遠に変えられないものではなく、レベルアップしていけるゲームだった。ネトゲよりはるかに楽しい、おもしろくてたまらないゲームだった。


3つの壁は次第に崩れていった。人生にも攻略法があると信じ、裏技・小技を身につけたことによって、人生は革新的に変わっていった。その4年後、毎月3千万ウォンもの大金が入ってくるようになった。さらに多くの経験を積み、30代初めになると、何もしなくても月1億ウォンずつ稼げる自動収益システムが完成した。それからまた数年が過ぎた今、僕は毎日「こんなに幸せでいいのだろうか?」と思いながら朝を迎えている。*

■ **僕は最近、毎朝目を覚ますたびに「これが僕なのか? 信じられない」と思っている。ルックスコンプレックスに苦しんでいたかつての僕ではない。テニス、クライミング、バドミントン、ゴルフ、自転車などの運動を楽しみながら、満足度の高い生活を送っている。**
■ **自動収益システムのおかげで、ほぼ働かなくても数日で1億ウォンを稼ぐことができる。**

＊本書をきっかけに、あなたにも同じ気持ちを感じてもらえたらうれしい

僕の銀行口座では数十億ウォンの資金が運用され、お金がお金を稼いでくれる状態だ。

- **無一文で創業した僕の会社では、現在130人以上の正社員とインターン、アルバイトスタッフが働いている。イサンハン《おかしな》マーケティング（弁護士や医師をクライアントに持つマーケティングサービス）、ATRASAN（恋愛コンサルティングサービス）、pudufu（電子書籍プラットフォーム）をはじめとした6つの事業は、僕がいなくても自動的に回る。**
- **僕は単に経済的自由を得ただけでなく、時間からも自由になった。一流の事業家や富裕層ほどの財産はないが、時間だけは誰よりもある。**

僕は人生の攻略法となるこの特別な方法を「逆行者7段階モデル」と名づけた。本書には、僕が経験した10年間の試行錯誤を3年に短縮できる裏技・小技がすべて盛り込まれている。タイムマシンがあるなら、10年前の僕にこの本を渡しに行きたいぐらいだ。僕がこの中の一部でも知っていたら、こんなに苦労しなかったのに。遠回りせずに済んだのに。もっと早く自由を勝ち取ることができたのに、と思う。まぁ、それはいいとしよう。

僕の代わりにあなたが本書を読んで、近道を歩み、幸せになってくれることを願う。それこそが本書を執筆した理由だ。僕が本書の印税を全額寄付することにしたのも同じ理由からである。「印税を全額寄付する本」というイメージによって、一人でも多くの人に本書を手に取ってもらい、人生をがらりと変えてほしいと期待しているからだ。

逆行者7段階モデルとは？

お金持ちになる方法が書かれた本、自己啓発本、不動産投資の本を何冊読んでも変われない理由は単純だ。順番通りに段階を踏んでいないからだ。たとえばサッカーがうまくなるには、試合だけを頑張るのではなく、基礎的な筋力を鍛えて、基本テクニックのトレーニングをしなければならない。スポーツをやったことのある人にはわかると思うが、トレーニングをした人と、していない人の実力は天と地の差だ。同じように、多くの人は人生の基本テクニックを習得することなく、本能だけで生きていく。人生というゲームに戦略なく飛び込み、遺伝子と無意識の命令に従って生きていく。その結果、〝平凡な人生〟や〝束縛される人生〟から抜け出せないまま、順理者として生きて死ぬことになる。

では、「逆行者7段階モデル」とはいったい何なのか？　最初はピンと来ないかもしれないが、今はざっと目を通すだけでいい。すぐに慣れてくるだろう。

1段階　自意識を解体する
2段階　自分のキャラクターを設定する
3段階　遺伝子の誤作動を克服する

4段階　脳を自動化する
5段階　逆行者の知識を身につける
6段階　経済的自由を得る具体的なルートを開拓
7段階　逆行者のサイクルを回す

多くの人々は遺伝子と本能の命令に従っているせいで、平凡な人生から抜け出すことができない。しかし、「自分は人とは違うんだ」という自意識に囚われて、いつまでも自分に言い訳しながら生きていく。自分がどれほど多くの精神的・心理的なバグを起こしているのか知らないまま、毎日まったく同じサイクルを繰り返すだけだ。僕も20歳まではこんなサイクルに閉じ込められていたから、その状況については誰よりもよくわかる。

さて、なぜ僕たちは真の自由を手に入れられないのか？
いつもお金のことを考えているのに、なぜお金の問題は解決しないのか？

「僕は頑張って勉強して名門大に入り、株の本もたくさん読みました。でも、いまだに自由を手に入れられていません。死ぬほど努力しているのに、何がいけないんでしょうか？」
気持ちはわかる。僕としては「逆行者7段階モデルを順に踏まなかったからだ」と答えたい。1段階でも省略してしまうと近道をするのが難しくなり、自由の道が遠ざかる。基礎固めができていなければ上達しないスキルがあるように、順序が間違っているせいで積み重ねの効果が発揮されないことがある。一日中、勉強しているのに成績が上がらない子どもと同じだ。

7段階を繰り返すだけで、経済的自由と人生の自由が手に入る。

少なくとも、現在の収入の3倍は楽に稼げるようになるだろう。もちろん、すべての人に該当するわけではない。この本を読むための最低限の読解力は必要だ。率直に言って、僕は本を読める人間は限られていると考えている。さて、あなたは読書のための基本的な力を備えているだろうか？　この本をここまで読み進めることができたなら、〝読解能力〟は十分だと思っていい。つまり、あなたは自由を手にすることのできる、選ばれた人間だということである。

大部分の人はがむしゃらに努力するだけで、努力の連鎖作用を知らない。そのせいで見当違いなところに力を注ぎ、疲れ果てて挫折してしまう。あるいは「お金なんて人生にそこまで重要なものじゃないよ」と合理化〔心理学用語。欲求が満たされないときや現実から目をそらしたいとき、もっともらしい理由をつけて自分を正当化すること〕することによって自分を納得させ、もといた場所から後退してしまう。これこそが順理者の思考だ。僕は底辺にいたが、「自由を得たい」という思いから数々の方法論を絶えず考案してきた。その過程で、一定のパターンがあることに気づいた。それが逆行者7段階モデルだ。

逆行者7段階モデルについて、まず簡単にご説明しておきたい。人間が経済的、時間的、精神的な自由を得られない理由は何だろうか？　本書は「本能と遺伝子の命令通りに生きているからだ」と答える。人間の運命は生まれたときから、すでにある程度は決まっている。上位50％に生まれた人は、一生45～55％前後を行き来しながら生きていく。ところが、本人はこれに気づかないまま、自意識によって合理化をしながら、「いつかは人生の主人公になれるはずだ」という希望を抱いて生きていく。

養鶏場のニワトリの運命は決まっている。フェンスの中だけで生き、老いて死ぬか人間に食べられる。ニワトリは自由に生きていると感じていたかもしれない。同様に、人間も自分を取り囲むフェンスに気づかず、自由意志〔人間は他からの影響を受けずに、自分の意志で行動や選択を決められるという説〕があると勘違いすることがある。

人間と動物を区別する特徴は〝自我〟の有無だ。人間の一生も生まれてから死ぬまである程度は決まっているが、自我は絶えずささやく。「きみには自由意志がある。世の中の主人公はきみだよ」。そのせいで、人間は遺伝子、無意識、自意識に縛られた操り人形であるにもかかわらず、自分は特別なのだと勘違いしてしまう。

遺伝子、無意識、自意識の命令に逆行できなければ、多くの判断ミスを犯して人生を台無しにしてしまう。まずは、あなたを操り人形にしている3本の糸を断ち切って、「逆行者」にならなければならない。

一番にやるべきことは、無意識を変えることだ。しかし、無意識は理性の力で変えることはできない。誰かに「きみは自由になれるよ」と言われても、あなたの無意識は「自分には無理だ」と防衛機制*〔受け入れがたい状況や危険に直面したとき、自分を守るために作用する心の仕組み〕を働かせる。これを回避するもっともいい方法は、成功者の〝ストーリー〟に触れることだ。自分と同じ状況で自由を勝ち取った人の体験談を50パターン以上聞けば、必ず無意識に亀裂が生じる。この亀裂を作ったうえで、逆行者7段階モデルによって積極的に自由を勝ち取ってほしい。

1段階　自意識を解体する

自意識は、自我の崩壊を防ぐ役割を果たしてくれる、人間に必要不可欠なものだ。しかし、たいていは過度に作用して、僕たちの成長を妨げる。たとえば「私って全然お金に興味がないんだよね」「お金持ちになれる法則なんて、この世に存在するわけがないよ」といった言葉も、自意識が傷つかないように合理化するための言葉であることが多い。本当はお金が欲しいのに、「お金はいいものだ」と認めた瞬間、自分の人生が否定されることになるからだ。お金に関するトラウマや恐怖のせいで、お金を避けるという愚かな決定を下してしまう。結局、彼らは「同一視」や「取り入れ」といった防衛機制

＊とても重要な単語！

によって、見当違いなところに自分を重ね合わせて人生を浪費してしまう。

ロナウドのファンだというAさんは、ネット上で夜な夜な「ロナウドが最高である理由」について熱弁をふるう。ロナウドに自分を重ね合わせているのだ。Bさんは何の罪もないセレブのSNSに誹謗中傷コメントを書き込み、デマをまき散らして、「正義のヒーロー」になりきる。彼ら*は自分の人生を生きるのではなく、自分を他者に置き換えて人生を浪費している。

劣等感が湧き起こったり、自分に言い訳をしたりしそうになったら、それは愚かなことなのだと認めるべきだ。他者になりきって現実から逃げてはいけない。その居心地の悪い感情の中で、どんなふうに自分が成長できるかを考えることによって、人間はステップアップできる。

2段階　自分のキャラクターを設定する

哲学者のウィトゲンシュタインは、「言語の限界は、世界の限界を意味する」という言葉を残した。同じように、キャラクターの限界は人間の限界を意味する。たとえば、「私は平凡な韓国人だ」という認識しか持っていない人が経済的自由に近づく可能性は0％だ。一方、「私は1カ月に1億稼げる人間だ」という認識を持つ人は目標に近づく

＊自意識に操られたゾンビ

可能性が高まる。自分のキャラクターを思い通りにコントロールすることができれば、ものすごい努力をしなくても目標地点に到達できるという意味だ。自分で「ベストセラー作家」というキャラ設定をすれば、実際にその目標を達成できる確率が高まるということである。もちろん、こんなふうにキャラクターを自由自在に操るのは非常に難しいことだ。そこで、2段階では自分のキャラクターを意図的に設定する方法について紹介する。キャラクターを好きなように操ることができれば、自由を得る可能性を計り知れないほど高めることができる。

3段階　遺伝子の誤作動を克服する

好きな言葉がある。「現在の人生は、自分のこれまでの意思決定によって作られたものだ」。誤った意思決定を繰り返してきた人が不幸になったり、貧しくなったりするのは当然のことだ。いつでも賢明な決定を下せる人と、愚かな決定ばかりを下す人がいるのはなぜだろうか？

愚かな決定を繰り返す高学歴者が多いところを見ると、単なるＩＱの差というわけでもなさそうだ。だとしたら、どうすればベストな意思決定を繰り返して、自由な人生を手に入れられるのか？　簡単だ。

遺伝子の誤作動について理解すればいい。これをあらかじめ理解していれば、感情的かつ本能的な判断ミスを避けることができる。

では、遺伝子の誤作動とは何なのか？　人類の身体と本能は、数十万年にわたって原始時代の環境に合わせて進化してきた。原始時代は食料を発見したらすぐに食べることが生存に有利だった。しかし、カロリー過多と生活習慣病に悩む現代人にとって、こんな本能はむしろ危険になる。この誤った本能が「クルージ（kluge）」［脳のバイアスによる非合理的な判断。詳しくは131頁］だ。

光に向かって飛ぶようにプログラミングされた蛾が街灯に閉じ込められて死んでしまうように、進化においては有利なはずだった過去の本能が僕たちの遺伝子の中に残っていて、まるでウイルスのように悪影響を及ぼす。僕たちの身体に植えつけられた原始的な本能の作動システムを理解できなければ、誤った判断を繰り返して「順理者」として生きていくことになる。平凡な人生や束縛された人生を生きるしかない。

僕たちはおなかがすくと食事をする。魅力的な人を見れば恋に落ちる。このように、人間はAという状況になると、Bという感情や思考が自動的に思い浮かぶ。ピアノの鍵盤を押すと音が鳴るのと同じだ。遺伝子は、人間が特定の状況で特定の行動をするように誘導する。自動的な判断の多くは人生において有益だが、いくつかの判断は遺伝子の誤作動による完全に間違った判断だ。

自分はなぜこう望んでいるのか？　この欲望はどこからやってきたのか？　その理由がわかれば、遺伝子の誤作動を未然に防ぐことができる。この誤作動を一日に一つずつ探し出すというトレーニングを繰り返していくと、人生は完全に変わる。2〜3年が過ぎた頃には、順理者を大きくリードすることができる。

4段階　脳を自動化する

前述の方法で自分を操る本能の糸を断ち切ったとしても、頭がよくなければ自由は得られない。読解力が足りなければ本書を読んでも理解できず、5段階〜6段階の知識と方法論を吸収することができない。お金を稼ぐこともできない。何をどうすればいいのかわからないまま、体力を使い果たして挫折してしまうのが関の山だ。ある程度の頭のよさは必要だ。

知能のレベルは生まれつき決まっている、って？　そんなことはない。

まもなくあなたはチャプター1を読むことになる。僕のストーリーを読めばわかると思うが、かつての僕は深刻なバカだった。いくら勉強しても成績が上がらなかった。3浪もしたのに、4等級〔韓国の共通テストでは、各教科が1〜9までの等級に区分される。最低でも全教科4等級以上なければ、首都圏の大学に入るのは難しい〕から抜け出せなかった。しかし僕は脳科学を学ぶことによって、頭をよくする方法を知った。

その方法とは「脳の最適化」と「脳の自動化」である。20代前半の頃、僕はいつもぼーっとしていて理解力が低く、会話相手に「バカなやつだな」という目で見られることもあった。ところが今では頭の回転が速くなり、「僕がこんなに素早くリアクションできるなんて」と自分でも不思議になることが増えた。

頭を効率よく働かせるための科学的な方法は、数えきれないほど発表されている。しかも難しくない。のちほど、僕が実験して検証した「脳の最適化」と「脳の自動化」の方法をご紹介する。常に努力するのではなく、ちょっとした習慣を身につけるだけで、一生にわたって利子がつくかのように脳を成長させ続けることができる。

僕はとんでもないなまけ者だ。この12年間、毎日、昼の12時頃に起きている。一日に6時間以上働くこともない。それにもかかわらず、他人の10倍のスピードで成長できたのは、この4段階の「脳の自動化」のおかげだ。本書の中で、僕は「一生懸命に生きろ」と言うことはない。何かを決心しろとか、モチベーションを上げろとも言わない。脳の自動化さえセッティングしておけば、自然といい暮らしができるようになり、遊んでいるうちに頭がよくなるのだから、わざわざ必死の努力をする理由がない。未来の幸せのために、現在の幸せを犠牲にする必要はないのである。

5段階　逆行者の知識を身につける

人間は一日の中で数多くの決定をしている。平凡な人が一日に10回の判断をした場合、5つはいい判断で、残りの5つは誤った判断だと仮定する。もしこの人が「逆行者の知識」によって、いい判断を下す確率を10％上げたとしたら何が起こるだろうか？

単純計算で、昨日より1～2個ずついい判断ができれば、10年後には3650日間ぶんのいい判断が積み重なることになる。積み重ねの威力は絶大だ。未来が大きく変わってくる。その結果の対価は、お金だけではなく「人生の自由」を得られるということだ。そこで、5段階では「本能に逆行する知識」を学んでいく。

6段階　経済的自由を手にする具体的なルートを開拓

5段階までは基礎体力をつける筋トレのようなものだ。ここまで実践すれば、腹筋、太もも、腕、腰などあらゆるパーツに筋肉がつくので、どんな運動を始めたとしてもスピーディによい結果を出すことができる。しかし、いくら基礎体力がついたとしても、初めてテニスラケットを持った人がいきなり見事な試合をすることはできない。

この6段階では、経済的自由を得る方法をシチュエーション別に紹介する。経済的自由に到達する道はとても多様なので、どんな状況であっても応用できるアルゴリズムを描いてみたい。あなたが中小企業に勤めていようが、大企業勤務だろうが、低賃金労働をしていようが、自営業だろうが、失業者でも関係ない。「かくかくしかじかだから、僕には無理なんです」という寝ぼけたことはもう言えなくなるだろう。シチュエーション別の成功事例を逆行者の7段階の公式によって解釈し、証明する。6段階で提示するテクノロジーツリーに従うだけで、自由に達する可能性は劇的に高まっていく。

7段階　逆行者のサイクルを回す

人間には、失敗と敗北に対する恐れが本能的に刻み込まれている。先史時代、失敗と敗北は死に直結していたためだ。新しいことへの挑戦をためらい、失敗すれば大きなストレスを受ける。しかし、逆行者はこの原始的な恐れが意味のないものであることを知っている。この本能にあえて逆行し、進んで敗北に直面することによって、レベルアップすることとさえある。

世界最高のテニス選手やサッカー選手、プロゲーマーたちは、頂点に登り詰めるまでに数千回の敗北を経験する。彼らは自分のレベルを上げ、より強い相手と対戦していく。優れた選手は、勝利より敗北が真のレベルアップにつながると知っているのだ。あなたが「金持ちになる」というゲームに参加するなら、必ず敗北を経験しなくてはならない。逆行者1段階から6段階というサイクルの中で敗北に直面してレベルアップし、再び敗北してレベルアップするというプロセスを繰り返していけば、いつしか完全な自由に到達している。

1年に100冊も本を読んでいるのにくすぶっている人々がいる。彼らは行動しないから、失敗することもない。失敗すればこそ自分のレベルを知り、弱点を把握しながら賢くなることができる。実行しなければ、自分の世界観に囚われて自意識ばかりが大きくなっていく。防衛機制のせいで愚かな決定を繰り返してしまい、結局、何も成し遂げられない恐れがある。失敗しないというのは、つまり難易度の設定に失敗しているということだ。失敗を経験しなければ、たやすいことばかりをやりながら、停滞した人生を生きることになる。停滞していても幸せならいいが、自由ではないため、究極の幸せを手にするのは難しい。

実行しなければ、何も始まらない

本書は「名門大学に入ってユニコーン企業を作る方法」や「数千億ウォンを稼ぐ方法」を語るものではない。平均以下の人がお金と時間、精神から完全に自由になる方法をひたすら解説していく。世の中を革新したい起業家や、さらなる富を求める資産家に適した本ではない。

価値観は人それぞれだ。僕は「人生を楽しみながら、幸せに生きる人が勝者」だと思う。未来のために現在を犠牲にしないでほしい。遊びながら、休みながら、効率的に生きよう。僕自身、経済的自由を手にするまでの10年弱、熾烈に生きてきたわけではなかった。毎日8時間以上寝て、週末は必ず休み、人と会った。無理して働くことは絶対になかった。ただし、基本的な原則は守り、逆行者7段階モデルに従うように努めた。次の通りだ。

- **一日2時間、本を読んだり文章を書いたりして、残りの時間は休む。**
- **一日に一度、「5分間思考」の時間を設ける。この余白の時間を持つことによって、いい決定が毎日積み重なっていく。**
- **積極的に遊ぶ。そして、必ず8時間以上ぐっすり眠る。遊びや睡眠は人間の幸せと健康に欠かせない行為であり、クリエイティビティの源だ。罪悪感を抱く必要はない。**
- **毎日本を読みたくないなら1週間に一日、30分だけ読もう。10分でもいい。この積み重ねが後日、バタフライエフェクト**〔一匹の蝶が羽ばたくと地球の反対側で竜巻が起こるように、小さな変化が予測不能な大きな変化を引き起こすこと〕**のように劇的な変化をもたらす。**

死ぬほど努力しているのに、自由を得られない人がいる。彼らには、次のように7段階のうち特定の段階でつまずいたり、いくつかの段階を飛ばしたりしているという問題点がある。

◉1段階　自意識を解体する↓一生懸命生きてはいるが、自意識に支配されて、「お金を稼ぐ方法」そのものに強い抵抗感を抱いている。

◉2段階　自分のキャラクターを設定する↓「僕の限界はここまでだ」というキャラクターの枠に囚われて、一生お金と時間に縛られて生きていく。

◉3段階　遺伝子の誤作動を克服する↓遺伝子と本能に振り回されて、感情的な判断ミスをする。誤った判断が重なり、どんどん貧しくなっていく。

◉4段階　脳を自動化する↓脳の発達が停滞しているせいで、新たな情報を処理できない。学習が難しいため、周囲に後れを取ってしまう。

◉5段階　逆行者の知識を身につける↓成功の確率を上げる方法がわからず、愚かな決定を繰り返してしまう。

◉6段階　経済的自由を得る具体的なルートを開拓↓5段階まではうまくやっているが、経済的自由を得る具体的な知識やルートを知らないせいでさまよってしまう。

◉7段階　逆行者のサイクルを回す↓知識はすべて頭に入っている。しかし、人生はシーシュポス〔ギリシャ神話に登場する王。神々によって地獄に落とされ、山頂から何度も転げ落ちる大岩を運び続けるという罰を受ける〕の罰のようなものであることを理解できていない。何もせずに、本ばかり読んで守りに入っている。自意識だけが強くなり、説教くさい人間になってしまう。

不動産投資の本ばかり必死で読むのは、1〜4段階を飛ばして5段階に入るようなものだ。4段階の「脳の自動化」が達成できていなければ、情報を解釈する力が身についていないため、いくらモチベーションアップの本を読もうが動画を見ようが成長にはつながらない。どれだけいい知識を持っていても、「自意識の解体」ができていなければ、すべての情報を弾き飛ばしてしまう。だからこそ、逆行者7段階を順番通りにこなすことが何よりも重要なのだ。

世の中には確実に攻略法が存在する。あなたはただ順序通りに実行していくだけでいい。本書の中で数千億ウォンの資産家になる方法を教えることはできないが、「自由を手にするヒント」をお伝えできる自信はある。遊びながら自由を手にする準備はできただろうか？

さあ、始めよう。

CHAPTER 1

僕はどうやって経済的自由を手にしたか

生まれた時に貧しいのは
あなたの過ちではないが、
死ぬ時に貧しいのは
あなたの過ちである

――ビル・ゲイツ

「逆行者7段階モデルに従えば、人生が完全に自由になる」

この言葉を聞いて、何を感じるだろうか？　あなたの無意識は即座に「でたらめを言うな」「私にはできない」「あなたは特別なケースだっただけでしょ」といった防衛機制を働かせるはずだ。僕も10代〜20代前半はずっとそうだったから、その気持ちはよくわかる。

しかし、こうした防衛機制に亀裂を入れることができなければ、あなたはけっして変われない。その状態では、どんな本を読んでも「いいかげんなことばかり言わないでくれ」「私には無理だよ」という気持ちになるだけだ。こうした無意識の壁を破るにはどうすればいいのか？

あなたと同じ状況で、完全な自由を手にした人々のストーリーを50パターンほど読んだり聞いたりするといい。人間はミラーニューロン〔他者の行動を見たとき、それが自分のものであるかのように感情移入する神経細胞〕を持っているため、他人の体験談に触れると、そこに自分を投影する。そのドラマティックな話に感情移入して、喜怒哀楽を一緒に感じる。ファンタジー漫画を読んだ子どもが主人公のモーションを真似してセリフを叫ぶのと同じ論理だ。

このチャプターでは僕がどのように経済的自由を得るに至ったのかをお話ししたい。この短い物語を読むことによって、あなたの無意識に少しでも変化が起こることを願う。その後、チャプター2から本格的に逆行者7段階モデルを解説していく。まずは僕の物語を軽い気持ちで読んでみてほしい。

第1幕

3つの壁
けっして変えられないと信じていたもの

「ミョンジン*、おまえの脳みそは石でできてんのか？　どうしてそこまで成績が悪いんだよ。俺は適当にやってもクラスで10位以内には入るよ。15教科中、一番苦手な科目でも70点は取れる。なのに、おまえは最高で69点か？　どうしようもないな」

16歳の頃、僕の成績はクラスで35位だった。僕と順位が近いのは、はなから勉強というものをしない生徒たちだった。僕は一夜漬けながら、それなりに試験勉強をしたのにほぼビリだなんて……納得がいかなかった。学校という世界において、僕はかなりの劣等人間だった。こんな日々が続いたせいで、「僕は何をやってもダメだ」という挫折感を抱きながら生きるようになった。友達からはいつも「おまえにはいったい何ができるんだ?」とからかわれていた。

この頃、僕を深い悲しみに陥れる出来事が起こった。当時、片想いしていたKという女子の仲よしグループによって、僕は「クラスで一番嫌いな男子」に選ばれたのである。学生時代、僕とペアを組まされた女子が大泣きしたこともある。そういう経験は少なくなかったとはいえ、「嫌いな男子」ランキングのワースト1位に選ばれた衝撃はかなり大きかった。

＊「ソン・ミョンジン」が僕の本名だ

勉強ができなくてブサイクなだけでなく、お金もなかった。僕は安山〔京畿道安山市。ソウルのベッドタウン〕で一番さびれた街の、親戚が僕たち一家を憐れんで貸してくれたアパートで暮らしていた。ご存じだろうか？　マンションとは違い、古いアパートで暖房ボイラーをつけずにいると、床が氷のように冷たくなる。家の中でも靴下なしでは過ごせなかった。寝るときも靴下を履き、何枚も重ね着をしてジャンパーまで着ていた。重ね着の窮屈さ以上に、白い息を吐きながら寝るという現実が地獄のようにつらかった。お湯が出なくて、1カ月風呂に入れず、学校では〝スメル〟というあだ名をつけられた。母はしょっちゅう親戚に借金を督促され、泣きながら返済の延期を頼み込んでいた。

神様が憎かった。両親の外見は悪くなかったし、兄にも恋人がいたのに、僕だけがブサイクだった。母はよく僕のことを橋の下で拾ってきたとからかい、家族は笑った。僕は笑えなかった。自分だけこんなにルックスが悪いなんて、本当に拾われてきたからだとしか思えない。古ぼけた洗面台の鏡を見るたびに、僕は生きていく自信を失った。中学時代はいつも寝る前に祈っていた。「神様、僕を憐れに思うなら、明日までに顔を変えてください……」。世の中は不公平だった。勉強、ルックス、お金。そのすべてが、僕には越えることのできない壁のように感じられた。僕はいったいどうして平均レベルですらいられないのだろう。

僕のこの思いをさらに強くさせたのが、4歳年上の従姉の存在だった。従姉の両親は校長と教頭だったから、家はそれなりに裕福だった。蚕室〔ソウル市松坡区。江南区に隣接する高級住宅街〕に住み、盆や正月には牛肉を食べていることも本当にうらやましかった。おまけに美人だった。優秀な成績で教育大に入って小学校の先生になり、巷のお嫁さん候補ナンバーワン。当時、教育大は僕の成績をあざ笑った成績10位の友達でもけっして入れない大学だった。うちの中学では学年1位か2位でない限り、志望すらできなかった。

僕は高3までゲーム三昧の生活を送っていた。現実逃避だ。目が覚めてから眠りにつくまで、ひたすらゲームばかりしていた。高3になってようやく、受験勉強を始めた。

一年中勉強したが、修能〔大学修学能力試験。日本の大学入学共通テストに相当〕のレベルは、9等級中せいぜい5・5等級で、まったく勉強をしなかった友達より点数が低かった。地方大のコンピュータ工学科の夜間部に、補欠で入学した。

しかし、僕は大学での勉強に困難を感じて、ただちに学業を投げ出した。見るに見かねた母に言われた。「ミョンジン、少しは人間らしく生きてちょうだい。ゴミみたいに家にばかりいないで、バイトでもしなさい」。わかったと答えたものの、僕のようなルックスのひきこもりを誰が採用してくれるだろうか。自信がなかった。コンビニや焼肉屋のアルバイトなど、数カ所を受けたが、僕を雇ってくれるところはなかった。

それでも母はあきらめなかった。

「今日、映画館にカッコいいアルバイトの子がいたのよ。あんたもハンサムだから応募してみなさい」

僕は思った。「そう思っているのは母さんだけだよ。僕は世の中に必要のない存在なんだ……」。母に押し切られて応募したが、結果はもちろん不採用。母は憤慨し、映画館に電話をかけて激しく抗議した。「どうしてうちの子が不採用なんですか？　何が問題だって言うんです？」。困惑したマネージャーはしぶしぶ妥協案を出した。「では、平日の午前中のシフトはいかがですか？　その時間帯なら応募者がいないので。それでもよろしければ来てほしいと息子さんにお伝えください」。こうして僕は初めてのアルバイトをスタートすることになった。

まったく期待がなかったといえば嘘になる。でも、ひきこもりのゲームオタクを歓迎してくれる人はいなかった。仕事を始めるやいなや、つまはじきにされた。自分で服を買ったことすらないほど、世間知らずな20歳の男に親切にしてくれる人はいなかった。ミスも多く、40名のアルバイトたちの間でよくない噂が立ちはじめた。頼んだ仕事をしょっちゅう忘れて、ぼんやりしている。冷房と間違えて暖房をつけたせいで、観客からのクレームが殺到した。おびただしい数の返金作業を終えて、マネージャーが僕を見たときの表情が忘れられない。勤務中はシアター入口に立つことになっているが、トイレで座って休んでいたのがバレたこともあった。何もかもが最悪だった。アルバイト仲間は誰も僕を飲み会に呼ばなかったし、軍隊を除隊して復帰した先輩たちも、僕を人間扱いしなかった。

ちゃんと授業に出なかったせいで、1学期の成績はほとんどFだった。入学金400万ウォンを払ったのに大学に行かず、月給50万ウォンを稼ぐために映画館でバイトをしていた。これ以上にバカバカしい人生があるだろうか？　1学期は大学の同級生に片想いして、半年間追いかけたがフラれた。2学期は一緒に働くアルバイトの子にフラれた。たいして失望しなかった。失望というものは、期待があればこそ感じられる。僕は自分の人生に対して何の期待もしていなかったから、「そっか。またフラれたな」と思っただけだった。僕は彼女を作ることはできない人間なのだと考えた。

そんな20歳の冬、人生最大のターニングポイントがやってきた。一緒にアルバイトをしていた年上の女性が「ミョンジン、安山中央図書館っていうのができたんだけど、すごくいいところだったよ」となにげなく言った。そこでバイトの帰りに寄ってみた。読書の経験がほとんどないせいで、どんな本を選べばいいかわからず戸惑ったが、ふと自分の悩みを思い出した。

「人付き合いの方法が書かれた本はないかな？　女性との会話を弾ませるコツとか」

そして、自己啓発コーナーで見つけた会話術の本を読みはじめた。内容は簡単だった。自分の話をするよりも、相手の話に耳を傾けろというものだ。それから、他の会話術の本も何冊か読んでみた。どの本にも共通して書かれている内容があった。人の話をよく聞こう、相手の話にきちんとリアクションをしよう、下手なアドバイスはするな……。ありきたりの話だと無視するか、ありきたりではあっても実行してみるか。その差が人生を変える。

僕は本に出てきた内容を映画館のアルバイト仲間に実践してみた。はじめは冷ややかだった人々の反応が少しずつ変わってきた。実に不思議なことに、僕と話そうとする人が増えた。悩みを打ち明けられて自然と相談に乗るようになり、だんだん一緒にネットカフェに行こうと言われたり、飲み会に誘われたりするようにもなった。このとき初めて、本の威力を実感した。

幼い頃を振り返れば、僕はゲームがとてもうまかった。秘訣は簡単だ。友達と新しいゲームをして家に帰ると、掲示板サイトにアップされた攻略法をひそかに読んだ。友達はゲームを数百回プレイするだけだったが、プレイ回数を増やすよりも攻略法を読むことに集中した。1～2週間こっそり研究してから対戦すると、その差は歴然だった。僕はいつも友達に圧勝した。数百回プレイした友達を、難なく打ち負かすことができた。

会話術の本のおかげで周囲の人の態度が変わってきた頃、ゲームと同じように、人生にも攻略法があるのではないかと考えるようになった。ゲームの攻略法はネット上にアップされているが、人生の攻略法は本にあると考えた。それ以来、僕は完全に読書にハマった。効果があろうがなかろうが、どのみちこれ以上悪くなりようがない。20歳の12月、6カ月間働いた映画館のアルバイトを辞めた。それから2カ月間、安山中央図書館に通い詰めて、200冊以上もの自己啓発書や心理学の本を読みあさった。当時の僕は読解力が低く、頭も悪かった。そこで、中学生向けの簡単な本をじっくり読んだ。気に入ったフレーズはすべてノートに書き留めた。

僕は不思議な気分になった。それまで読書をすることなく、無知のままに生きてきたが、一日中本を読む自分に酔いしれるようになった。妙な自信も芽生えてきた。「この人はこんなに厳しい状況でも成功したんだなぁ」。100種類を超える成功ストーリーを読み続けているうちに、どんなことでもやり遂げられそうな気がしてきた。無意識が次第に変わりはじめた（逆行者0段階「無意識に亀裂を入れる」）。

中高生時代、とても優秀だった2人の旧友に再会したときも、読書によって得た内容を話すだけで、時間が経つのも忘れて盛り上がることができた。会話スキルが上達したおかげで、話すことが好きになった。新しい欲が芽生えてきた。「大学に入り直したら、この本の著者みたいに賢い人や教授ともこんな会話ができるだろうな。また大学に行ってみよう」。

しかしそれは、新たな悲劇の始まりでもあった。

第2幕 一日2時間、奇跡の始まり

逆行者の最初のきっかけ

21歳になった。また大学に行きたいという情熱が芽生えたはいいが、お金もなければ、方法もわからない。僕は無謀にも独学を選択した。今度は修能の攻略法を見つけるために、インターネットを検索した。成績上位圏の学生が利用するコミュニティを見つけて、そこに投稿された数々の成功談を読みながら「こうすればいい大学に入れるんだな」と考えた。ゲーム攻略法を読めば上位1%に入れるように、修能攻略法さえマスターすれば成績もぐんと上がるだろうと期待した。そして1年間、毎日、安山中央図書館に通い詰めた。

そんな中、2人のおもしろい人に出会った。Aは30代中盤ぐらいで、ホームレスと言ってもおかしくないような風貌だった。僕が自己啓発書や心理学の本を読む間、彼は向かいの席で経済や株の勉強をしていた。長髪の彼はろくにシャワーも浴びていないかのようにむさくるしく、ボロボロの身なりで図書館にやってきた。経済的にとても厳しいのだろうと思った。そんなある日、図書館の前に外車が停まり、そこからAが降りてくるところを目にした。なんということだ！　当時安山で外車を見かけることはほとんどなかった。「何が起こったんだ……？」。実は、彼は一代で財を成した金持ちだった。若い頃からいろいろな事業に手を出したもののうまくいかず、株を学んで投資を始め、ついに大金を手にしたのだという。彼は当時、哲学と経済学にハマっていたが、今思い返してみても実に賢い人だった。孤独に勉強していた僕にとって、彼は哲学的な話ができる唯一の友人だった。

その年の下半期には50代のBおじさんと出会った。ある日、図書館の隣の席に太ったおじさんが座り、僕に「うるさくするな」と注意した。僕は丁重に謝り、コーヒーを飲もうと誘って、外で自動販売機のコーヒーを飲んだ。話を聞いてみると、延世大学〔ソウル市内の私立大学。韓国の最難関大学のうちの一つ〕の経済学科を卒業し、銀行の頭取まで務めて引退した人だった。不動産仲介業の資格を取るために図書館に通っているという。Bおじさんもこの1年間、僕のよき友人だった。家に招待してくれて、こんな話をしてくれたこともある。「アメリカでは20歳の年の差があっても友達になれるんだ。きみと私は30歳以上離れているが友達だ。私が見たところ、きみは大物になれると思うよ」。Bおじさんは60点以上が合格ラインの公認仲介士〔日本の宅地建物取引士に相当〕の試験で80点以上を取り、トップクラスの得点で合格した。

この2人は、1年間の孤独な独学生活を支えてくれた。2人は社会の成功者であり、いつも「きみはうまくいくだろう」と僕を励ましてくれた。では、僕の修能の結果はどうだったのか？

彼らの期待とは異なり、僕の点数は平均4・5等級どまりだった。どこの大学にも入れないレベルだ。僕はあまりにも恥ずかしくて、2人に連絡することさえできなかった。偶然会ったときも挨拶だけして、逃げるようにその場を去った。そして2人には二度と会えなかった。

なぜ、またしても失敗してしまったのか？　僕はひたすら本を読み、幻想に囚われていた。読書によって知識が増え、「僕はすごい人だ」「僕はなんでもやり遂げられる」と思い込んでいたが、3つの壁は相変わらず僕を遮っていた。現実は厳しかった。

僕は納得できなかった。母に頼み込んだ。「一人で勉強したから失敗しただけなんだ。ソウルの予備校に行かせてほしい」。当然、母は「そんなお金はない」と反対した。親戚の集まりで僕が抱負を語ると、母方と父方のおじが加勢してくれた。母方の祖母の家から予備校に通うことになり、費用も祖母が出してくれた。年齢的には4浪にあたる22歳だった。ソウルの予備校に通っている間、祖母は毎朝食事を用意してくれた。僕の人生において、一番心あたたかな1年だった。

ほとんどビリに近い成績で予備校に入ったが、担任の先生は僕をかわいがってくれた。修能直前の模擬試験では、「ここまで成績が伸びた生徒はきみが初めてだよ」と言われるほどの高得点を出した。予備校に入ったとき5等級だった数学と英語は、半年で1等級までランクアップした。期待を一身に受けた。しかし、神様はそうやすやすと幸せをもたらしてはくれない。

修能試験の当日、緊張しすぎたせいで、国語領域でほとんど問題を解くことができなかった。結果は4等級。完全にテンパってしまい、残りの試験をどんなふうに受けたのか、いまだに思い出せない。今にして思えば、それが僕の真の実力だった。

夢は大きかった。トップ大学の社会科学部に入りたかったが、どだい無理な話だった。すでに同級生に3年も後れを取っていた。同級生たちは大学1年生を終えて入隊し、軍隊生活2年目を迎えていた。高校卒業後すぐに就職した友人は、社会人生活4年目に入っていた。それなのに、23歳を目前に控えた僕の人生はまさに最悪だった。お金、ルックス、勉強、どの壁も崩せていなかった。花のような若い盛りに、僕は何も持っていない無駄飯食いだったのだ。予備校生活を終えて安山の実家に戻ってくると、僕は部屋の隅で哲学書を読むふりをした。かつてはゲームに逃げ、23歳のときは哲学に逃げた。

当時の僕は、うつ病同然だった。現実から逃げ出したかったし、自分を知っている人が誰もいないところに身を隠したかった。田畑に囲まれた地方大学で自転車に乗り、哲学書を読む人生を切望した。3つの地方国立大の哲学科に願書を出した。その中から、地理上「大韓民国のど真ん中にある大学だから」というどうしようもない理由で全北大〔韓国南西部の全北特別自治道全州市に位置する国立大学〕を選んだ。

晩学の大学生として全北大学哲学科に入学した23歳、僕は理想と現実のギャップに苦しみ、自殺衝動さえ感じた。しかし、そんな日々の中でも重視していたことが一つある。成功者はみんな読書と書き物をしているという点だ。そこで僕も、何があっても毎日2時間ずつ本を読み、文章を書こうと決心した。のちに「22戦略」と名づけることになる習慣だ。

どんなに忙しくても、何があっても、一日2時間の読書と書き物は欠かさなかった。その代わり、残りの時間は好きなように過ごした。そんなことができたのは、こう信じていたからだ。「読書と書き物を地道に続ければ、将来何をやったとしてもうまくやれるはずだ。数多くの成功者が立証しているじゃないか」。今思えば、実に単純な信頼だ。無知だからこそ勇敢になれるという言葉があるが、僕はバカ正直に2年間、毎日2時間ずつ本を読んだ。そして、残った時間は自由に遊び、やりたいことに集中した。

すると、驚くべきことが起こった。根拠なき信頼が効果を発揮しはじめたのだ。読んだことや聞いたことを昔よりはるかにすんなりと理解できるようになった。何を見ても本質や核心がすぐに把握でき、自然と基準をつかめるようになった。そのうち、特別な勉強をしなくても哲学の授業がどんどん頭に入ってくるようになった。教授にも気に入られ、試験で好成績を取って奨学金をもらったりもした。

僕の人生を遮る3つの壁のうち〝勉強の壁〟が崩れはじめた。全北大は地方の国立大ではあるが、安山や全州ではクラスで3〜4位以内の成績でなければ合格できない。中学時代に僕の成績が悪いとからかった前述の友人も、浪人して全北大の工学部に入学していた。一生勝てないと思っていた友達との差が徐々に縮まっていた。

2番目にひびが入りはじめたのは〝お金の壁〟だ。大学1年生のとき、家庭教師の生徒を募集する校内の掲示板に告知文を載せたところ、申し込みが殺到したのだ。当時、全北大の家庭教師市場は、医学部か、英語教育科や数学教育科の学生が独占していた。彼らの投稿には、学科名と「授業料50万ウォン」としか書かれていなかった。僕が通っていた哲学科を含む他学科の学生は、家庭教師市場に足を踏み入れることすらできなかった。

でも、僕はこう考えた。「きみたちは12年間も勉強を続けてこの大学に入学したけど、僕はたった2年の受験勉強で合格できたんだ。僕は修能に失敗しただけで、きみたちに劣るわけじゃない。おまけに、成績下位層の生徒をうまく教える自信がある。数百冊の本を読んできたから、ひたすら修能の勉強ばかりしてきた学生より賢いはずだ」。今思えば、相変わらずはちゃめちゃだが、とにかくそんな覇気のおかげで自信はあった。

そこで、僕も家庭教師の生徒を募集する告知文を載せることにした。「成績下位層専門の家庭教師」という奇抜なタイトルをつけ、これまで僕がどれだけ勉強ができなかったのか、そこからどんなふうに英語と数学の等級を引き上げたのか、具体的なストーリーと方法を書いた。

すると、驚くべきことに問い合わせの電話が鳴り響いた。それ以来、大学を卒業するまで家庭教師のアルバイトで毎月150~200万ウォンを稼げるようになった。映画館で時給3千ウォンのバイトをしていた時代に比べて、収入がぐんとアップした。初めての生徒が決まった日、自転車に乗って家までの夜道を帰ったときのことが忘れられない。オレンジ色の街灯と月の光が僕を祝福してくれているかのように見え、世の中が初めて僕に手を差しのべてくれたような気がした。

家庭教師のバイトを何日かするだけで、原付バイクのガソリン代2万ウォン、ワンルームの家賃22万ウォンを稼げた。当時の200万ウォンは僕にとってかなりの大金だった。小遣いが50万ウォンあれば同年代の間で金持ちだと言われた時代だ。自力で200万ウォンを稼げるようになると、自信に満ちあふれてきた。人生のバランスが次第に整ってきた。

最後の壁である〝ルックス〟にも大きな変化が起きた。当時、僕はジハンという中学校の同級生と一緒に暮らしていた。中学時代は特に親しいわけではなかったが、本をたくさん読むようになってから、21歳で再会したジハンのことを本当にすごい人間だと感じた。

これまで数百億ウォン台を稼ぐ成功者に何人も会ってきたが、ジハンほどの天才はそうそういない。僕たちはソウルメイトになり、毎日哲学や芸術について議論を交わした。僕が全北大に入学すると、ジハンはソウルの学校を休学して全州にやってきた。のちに彼は、初めての事業のパートナーとなる。ジハンはみすぼらしかった僕とは違って、昔からカッコよかった。中学時代も学級委員長に選ばれるほどの人気者で、頭もよかった。文学や映画にも造詣が深く、僕にとっては師匠でありヒーローのような存在だった。

そんなある夜、寝ている僕を見つめる視線を感じた。ジハンだった。僕は怖くなり、「おい、何なんだよ?」と聞いた。するとジハンは「寝ろ。明日の夜、話そう」という言葉を残して眠ってしまった。翌日、ジハンがどんな話をするのか、気になって仕方がなかった。部屋を散らかしっぱなしだから、怒ったのか? ところが、その夜ジハンは意外なことを言った。

「一晩中、おまえについて考えたんだ。いいところも多いけど……俺はおまえを放置しすぎた気がする。これからは俺の言う通りにしろよ。服、ヘアスタイル、メガネ、肌、靴。全部変えるんだ。なぁ、家庭教師で稼いだ金はどれぐらいある? ジョルダーノに買い物に行こうぜ」

僕は驚いて、こう言った。

「でもさ、ジハン。ジョルダーノのズボンって5万ウォンぐらいするんじゃないか? 高すぎるよ。俺は今の1万ウォンのズボンで十分なんだけど……」

ジハンは譲らなかった。

「ごちゃごちゃ言ってないで、ついてこい」

第3幕 背水の陣

「1万9千ウォンが入金されました」

その日、ジハンはショッピングに出かける前にこう宣言した。「哲学科で一番のイケメンは誰だ？　っていう話になったら、ミョンジン、おまえの名前が出るようにしてやるから！」。もちろん僕は信じなかった。

幼い頃から高校を卒業するまで「僕はクラスで一番ブサイクな男だ」と思っていた（17頁の写真を見てほしい）。女性にもフラれてばかりだった。20歳の頃に2回、大学でもすでに2回もフラれていた。「何を言ってるんだ？」と思った。しかし、ジハンは真剣だった。

「今後は肌のケアのために炭水化物を減らせ」

「この靴は絶対に履くなよ。いいな？　これからは俺が選んだデザインの靴だけを履くんだ」

「ちょっと待て、メガネを外そうか。男はメガネをかけないほうがいい」

「おい！　女と話すときはそんなにおどおどしてちゃダメだ。それから、哲学の話はするなよ」と具体的なアドバイスをしてくれた。

ジハンは僕が着ているもの、食べるもの、話す内容、ほとんどすべてを矯正した。逆に言えば、僕はことごとく女性に嫌われることばかりやっていたわけだ。

ジハンの宣言以降、僕の人生は完全に変わった。鏡を見るたびに「これが僕なのか？　信じられない」を連発するようになった。それまでたったの一度も誰かに好かれていると感じたことはなかったが、この頃からあふれるような愛を受けるようになった。理想のタイプの女性と接することも夢ではなくなり、モテるようになった。ジハンの言葉が現実となり、ルックスという最後の壁が崩れはじめた。

そんなふうに人間らしい見た目を手に入れはじめた頃、急にジハンと離れることになった。ジハンが原付の事故で足に大ケガを負い、実家に戻ることになったのだ。僕は突然一人になった。でも、ジハンの教えはきちんと守り続けた。翌年には初めての彼女ができ、その後も何度か恋愛をした。そして普通の若者と同じように、さまざまな試行錯誤を経験した。炎のような愛と、地獄のような苦しみも味わった。恋人に別れを告げて、長い間罪悪感に苦しんだりもした。世界が崩れ落ちそうな苦痛を体験し、愛のほろ苦さをもろに味わった。この感情はのちに事業内容を決める際、決定的な役割を果たした。これが２０１０年、僕は24歳だった。

哲学科を志願した当時、僕は哲学が幸せを運んできてくれるのではないかと期待していた。でも、大学に入ってから出会った哲学科の教授たちはけっして幸せそうには見えなかった。大学内の政治的な問題に悩まされる姿や、非常勤講師に接する姿を見ていると、平凡な人々とたいした違いはなかった。授業でも、幸せになる方法みたいなものは教えてもらえなかった。認識論、形而上学、価値論など、ごく専門化された知識ばかりを学んだ。

哲学に失望した僕は、その数年前まで熱心に学んでいた心理学に再びハマり、心理学科の授業を聞くようになった。しかし、最新の理論がまったく反映されていないせいで、古い理論の復習にしかならなかった。講義のレベルにもがっかりした。大学で学べることはそれほど多くはないのかもしれない、と思うようになった。4年前の冬のように、24歳の僕はまた図書館にこもって、2カ月間ずっと本を読みまくった。「人の幸せにおいてとても重要な要素は、いいパートナーに出会うこと」という信念もこのとき生まれた。

その年の冬、足のケガから回復したジハンと再会して、たくさんの話を交わした。離れて過ごした1年の間にそれぞれが新しい経験を積み、自分たちの問題点を自覚していた。

「俺たちは賢いつもりになって、雲をつかむような話をしていただけだ。これからは現実的に金を稼がなきゃいけない」

「実は足を折ったとき、俺には金がなかったんだ。病室の隣のベッドに指を切られたチンピラが入ってきて大騒ぎしたことがあってさ。その人も金がなくて悩んでいたよ。俺もその人も手術費用が払えなかったんだ。そのとき、こう思った。『俺はこのチンピラと何が違うんだ？

骨折の手術費用すら払えないありさまなのに』って」

僕たちの会話は同じ方向に向かって進んでいた。僕とジハンは映画『ソーシャル・ネットワーク』を思い出した。それまで、事業というのは少なくとも数億ウォンの資金や、広いオフィスがなければ始められない、怖いものだと思っていた。でも、その映画を観て、まったくお金がなくても事業を始めることは可能なのだと知った。劇中でフェイスブックの創始者たちは、寄宿舎や倉庫で一銭も使わずに起業していた。僕たちにもできそうな気がした。いや、それ以外にこれといった妙案もなかった。そのとき、ジハンが決定的なアイディアを出した。

「ミョンジン、おまえはこれまで心理学をたくさん勉強してきたから、恋愛カウンセリングのビジネスを始めるのはどうかな？　オフィスを借りずにオンラインでさ。おまえはカウンセリングの勉強をしろよ。俺はウェブサイトの作り方を勉強するから。一緒にやってみようぜ」

僕は力強く答えた。

「やろう。これまでに勉強してきた知識があれば、ほぼすべての恋愛問題を解決できる。俺が恋愛相談に乗ってから、恋人とヨリを戻してうまくやってる友達も多いし。うん、これを売ってみよう！　月に50万ウォンだけ稼いでみるか。俺も家庭教師に飽きてたところなんだ。冬休みの間に月収50万ウォンプロジェクトをやってみよう。それに最近、ブログマーケティングを勉強してるし。試しにバラエティ番組に関するコラムをアップしたら、アクセス数が3万を超えたよ。ずっとネイバー知識iN〔韓国のポータルサイト、ネイバーが提供する「Ｙａｈｏｏ！知恵袋」のようなＱ＆Ａサービス。回答の投稿によってポイントが付与され、レベルアップする〕の書き込みをしてきてランクも高いから、それも活用できる。一銭も使わずに広告も出せるよ」

僕らは背水の陣を敷いた。僕は家庭教師のアルバイトをすべて辞めた。そして、ジハンと合宿を始めた。すでにお話しした通り、2年間、2時間ずつ読書と書き物を続けてきた。新しいものを取り入れ、本質的なものを見つけて結びつける準備ができていた。僕たちは2カ月間、それぞれベストを尽くして事業の準備に取り組んだ。ジハンはウェブサイト制作を学び、僕はマーケティングと心理学を追求した。事業とマーケティングは未知の領域だったから、本を30冊ほど積み上げて読んでいった。知らない分野に飛び込むときは、本を20冊ぐらい読めば、他の人よりずっと早く目標に到達できるという確信があった。しかも2カ月後には創業、という具体的な目標があった。1ページ読むごとにアイディアが湧いてきた。

■**僕は恋人と別れたり、恋愛に悩んだりしたとき、どうしていたか？　そう、「別れた人を忘れる方法」を検索していた。この検索ワードでネイバー知識iNに書き込みをして、ブログを書こう。悩んでいる人はこのキーワードで検索するはずだ。**

■ブログやネイバー知識iNを見てやってきた人に信頼してもらうには、専門性を見せなくてはならない。特に〝コラム〟が重要だ。2年以上鍛えてきた文章力を発揮しよう。

■利用者のレビューが必要だ。レビューのないサービスは、誰も信用しないだろう。大学で僕の恋愛相談通りに行動して成功した友達に、率直な感想を書いてくれと頼んでみよう。

■他に、僕がつらかったときにやったことは何があったかな？　悩み相談に乗ってくれるウェブ掲示板を見たな。じゃあ、そこにもコラムを書こう。ただし、商業的なにおいは禁物だ。読んだ人にとって本当に役立つ情報を提供しよう。そうすれば信憑性が高まる。

こんなふうに熱心に考えて準備すること2カ月、２０１１年1月に僕たちはウェブサイトをオープンした。カウンセリング料金は5万ウォン。大繁盛するはずだと思っていた。

ところが、衝撃的なことに1件も申し込みがなかった……。資金はたった4万ウォンしか残っていない。ジハンと僕は1週間、食パンと牛乳だけで生きようと決心した。そんなふうに3日を過ごすと、生命の危機を感じた。家の前のキッチンカーで売られている2千ウォンのコーヒーがすごく飲みたかった。一縷の望みをかけて、ウェブサイトのメインコピーを修正し、カウンセリング料を1万9千ウォンまで下げた。とりあえず1件でも申し込みがあれば食事ができるということしか考えられなかった。僕たちはうまくいくことを祈りながら眠りについた。

翌日の朝7時、携帯にメッセージが届いた。「1万9千ウォンが入金されました」。僕の人生において、もっともうれしかった瞬間の一つだ。そのときのジハンの言葉を今でも覚えている。「ミョンジン、コーヒーを飲みに行こうぜ！」

僕たちはこの日以降、月に3千万ウォンを稼ぐことになる。

第4幕 幸運の裏に隠れているもの 「これより最悪の状況があるだろうか？」

2011年3月、25歳だった僕たちの事業は日に日に成長していった。家賃22万ウォンの部屋で暮らしながら毎月3千万ウォンを稼ぐというのは、奇跡のようなことだった。毎日「これは夢か？　現実か？」と思うような日々を過ごした。夜は1時間に20万ウォンを稼ぐ天才カウンセラーと呼ばれ、昼は平凡な大学生として暮らす二重生活を続けた。

大学3年生になると、何もかもがつまらなく思えてきた。全州での人生は次第に退屈になっていった。僕が大金を稼ぐようになると、そばにいた人たちは僕を避けるようになった。人は成功した相手に対して、まずは反感を抱くということをこのとき知った。僕は大学を辞め、済州島で1カ月暮らすことにした。オフィステル［オフィスとホテルを兼ねた集合住宅］で過ごし、カウンセリングをしながら旅をするデジタルノマド生活を送った。表向きは映画のような暮らしだったが、実際の僕は常に人生に悩んでいた。

どんな事業であれ、初めて成果が出たときがもっとも危険なのだ。僕とジハンの事業は0円起業に近かった。オフィスもなくスタッフもいないから、ほとんど経費がかからなかった。最初は3千万ウォンのすべてが収益になると思っていたが、世の中はそんなに甘くない。各種税金を差し引くと、僕たちの手元には650万ウォン程度しか残らなかった。3千万ウォンという収入に酔っていた僕たちはそれぞれいい車を買ったが、その割賦金だけで毎月150万ウォン。さらに家賃100万ウォン、両親への仕送り100万ウォン、健康保険料や国民年金を引いたら、ほとんど残らなかった。実際に使えるお金は100万ウォン程度だ。大学時代に家庭教師で200万ウォン稼いでいたときのほうがむしろリッチだった。

事業が大きくなると、僕たちは役割を分担した。資金管理と会計、経営などはジハンが引き受けた。僕はカウンセリングの回答作成や研究業務を主に担当した。CFO(最高財務責任者)とCTO(最高技術責任者)に分かれたわけだ。僕たちはその後3年にわたって在宅勤務をしながら、それぞれの業務に専念した。僕はその業界で伝説的な人物となり、数多くのカウンセリング事例をもとに理論を確立して、「復縁心理学」なるものを作った。

口コミで噂が広まり、僕は1~2カ月待ちの人気カウンセラーになった。依頼が殺到して、新規申し込みに制限をかけることが増え、制限を解除した日には数百件の相談が寄せられた。僕は3年間、毎日5～7件のカウンセリングをしながら、専門家としてのポジションを確立していった。

では、別れや復縁に関するカウンセリングはどんなふうに行われるのか？　その内実が気になった方もいるかもしれないので、簡単にご説明しておこう。

①悩みを抱えている依頼者が相談内容を書き込む。

②僕が相談内容を読み、依頼者と恋愛相手の状況を心理学的に分析する。

③恋愛相手の心理を把握し、依頼者が取るべきアクションを具体的に提示する。1回の携帯メッセージで相手が戻ってくるようにしたり、復縁の可能性を高めたりすることが目標だ。復縁の確率が30％未満の場合は返金を提案する。

④大部分のケースが携帯メッセージを1回だけしか送れない状況だ。たった1回のメッセージで相手の感情を完全に揺さぶらなくてはいけない。

⑤依頼者がメッセージを送ると、相手から連絡が来たり、依頼者の元に戻ってきたりする。このときどんなふうに行動すべきか、具体的なアクションの方法を依頼者に教える。併せて、相手の心理的な変化について説明する。

数多くのカウンセリングを担当するうちに、僕はいつしか人間心理分析と心理シミュレーションの専門家になっていた。5〜10ページに及ぶ相談内容を毎日5〜7件ずつ読んだ。30分ほど考えて、状況に合った具体策を生み出さなくてはならなかった。終わりなき洞察力を要する作業だったので、寝ようとして横になってからも、独創的な解決法を研究していた。おかげで問題解決能力が大きく向上した。世の中には解決できない問題より、じっくり考えれば解決できる問題のほうがずっと多いことを知った。こうした気づきと積極的な思考は、その後の創業に役立つ重要な資産となった。

こうして専門性は日に日に高まっていったが、事業そのものは3年間停滞していた。ジハンは僕に対して、経営上の苦労をわかっていないと思っていたし、僕は僕でこんな不満を抱いていた。

「事業を始めてすぐに月3千万ウォンずつ稼げるようになったのに、どうして3年間そこから売上が伸びないんだ？　それに、顧客を実際に相手にしているのは僕一人なのに、どうして650万ウォンしかもらえないんだ？　事業構造もマーケティングも創業時からまったく変わっていないんだから、もっと成長するはずじゃないのか？　これを経営と言えるのか？」

表向きは平穏に過ごしていたが、僕たちはお互いに不満を募らせていた。僕は事業をアグレッシブに広げてほしいと願ったが、ジハンは安定的に続けることを願っていた。僕は創業当初を除いては経営に参加しておらず、主導権を失った状態だった。そして、まだ軍隊に行っていなかった。不安な僕とジハンの間に第三者が介入し、僕らの関係は歪みはじめた。

第5幕 人間の器

人は自分の器に見合ったお金しか稼げない

僕たちはいつも、目の前の目標ばかりを見ながら生きている。それさえ達成できれば万事が解決しそうな気がするが、実際はそうじゃない。「1件でいいからカウンセリングの申し込みが入って、ごはんが食べられますように」と祈っていた頃のほうが幸せだった。問題が一つ片付いたかと思うと、もっと大きな問題がゲームのクエストのように発生した。かなり波瀾万丈だったが、簡単にまとめると次のようになる。

- ジハンと僕は誤解が重なり、たもとを分かった。僕には別の事業パートナーができた。
- 新しいウェブサイトをオープンし、すぐに「売上3千万ウォン」の壁を突破した。
- 2015年2月1日、事業収益にはほぼ手をつけずに29歳で入隊。
- 兵役中、初の休暇をもらって戻ってくると、会社の経営がおかしくなっていた。
- 事業パートナーとスタッフの裏切りを知る。二度目の休暇のとき、事業をすべて畳んだ。

■ストレスが原因で、腰や背中に痛みを伴う強直性脊椎炎という難病を発症。軍病院に入院し、半年間寝たきりの生活を送った。

こんなふうに、僕の起業初期は悪夢の連続だった。唯一無二の親友だったジハンと別れることになったのも残念だったが、僕を利用するために近づいてくる人が増えて、人間不信になった。兵舎で横になっていると、銃を持って脱走して、裏切り者たちに復讐してやりたいという衝動にかられた。強直性脊椎炎で軍病院に半年入院したときは、まさに人生のどん底に落ちたような気分だった。

苦しい日々が続いたある日、僕は気を取り直した。

「こんな試練を与えるなんて、神様は僕をどこまで偉大な人物にしようとしているのだろう」

宗教を信じていたわけではないが、この苦しみに意味を見出そうとしたのだ。困難を乗り越えた後に大きく成長するという経験をしてきたじゃないか。このみじめな境遇が鍛練のきっかけになるかもしれない。いや、そうなるに違いない、と考えることにした。

「こんなふうに病院で一日中読書ができるなんて、神様がくれたチャンスだ。僕は本当にラッキーだな！　苦しいときはいつも本を読んで成長してきたじゃないか。軍病院で横になっているこの時間は、人生の黄金期になるはずだ」

高陽市の軍病院に入院していた6カ月間、僕は松葉杖と車いすの生活を送りながら本を読みまくった。それまでは心理学と経営学に関する本を中心に読んでいたが、さらに幅広いジャンルの知識を吸収することにした。社会に出れば、また仕事関連の本を読むことになるだろうから、この機に他の領域にも触れておきたい。そこで、世界史や科学、文学に関する本を読み、これまでとは違う方向に脳を発達させようと努めた。そして、経営の勉強にも本格的に取り組んだ。

このとき読んだ本の一冊が、日本を代表するお金の入門書『富者の器』〔原題『富者の遺言』、泉正人著〕だ。この本を読んだことによって、僕に起こった状況のすべてが瞬時に理解できた。これまで体験した試行錯誤がストーリー化されていた。僕だけでなく、多くの人がこうした苦境を経験するものなのだと知った。

それまでずっと腹立たしかったのは、自分をすごい人間だと勘違いしていたせいだった。ジハンと一緒に仕事をして、3千万ウォンの利益を出したのに650万ウォンしか手元に残らなかったこと、他の事業パートナーと組んで全財産を失い、事業を乗っ取られたのは、不運なせいではなかった。彼らの問題でもなかった。

僕の器が小さくて、水を注いでもあふれてしまっただけのことだ。そう考えてみると、僕がうまくやれるのはカウンセリングだけだった。経営、会計、税務、総務に関しては何ひとつできていなかった。自分の器に見合う稼ぎを得ただけだ。一人でも数千万ウォンを稼げるという自信は単なる勘違いに過ぎなかった。30代を前にして一銭もなく、すべての事業を失ったのは誰のせいでもない。これが僕の実力だ。そのことをすっかり認めてしまうと、もう人を恨むことはなくなった。そして、これから何をすべきかが見えてきた。

「一気に大金を稼ぐことはできない。人間は、自分の器に見合うだけのお金しか持てないんだ。他人を恨むのはやめて、自分の問題に集中しよう」。僕は思考を正しい方向に導き、脳を最適化しようと努力した。そして、基本に立ち返ることにした。以前は小さな仕事をあなどって、「こんな仕事は、僕みたいな天才カウンセラーがすることじゃないな」と考えていた。でも、どん底まで落ちてみると、すべての仕事が大切に思えた。小さな仕事をうまくこなしていくことで、真の実力が育つような気がした。

当時、僕は強直性脊椎炎を患っていたが、早期除隊を認められてはいなかった。しかし半年間も軍病院に入院しているのは、軍隊にとっても自分にとってもマイナスだと思った。早く除隊すべきだと考えた。特技を生かして10ページ以上の報告書を作成し、軍幹部に提出すると、病状が深刻だと知った数人の幹部の力添えで除隊できることになった。２０１６年1月、僕は30歳だった。

社会復帰した僕は、まず治療に専念した。入院中、自分の病気について十分に勉強した。脊椎炎は初期症状だったので、きちんと体調管理をすれば、正常に戻れるだろうという希望を抱いた。しかし、走ることはおろか歩くことさえままならず、一般的なリハビリ治療も難しかった。なるべく、バランスの取れた解決策を探さなくてはならない。

関節が痛むなら、もっと筋肉をつけるべきだ。関節に負担をかけずに筋肉を強化するために水泳を始め、リウマチ治療薬と消炎鎮痛剤を飲めば、完治の可能性があると判断した。こうして6カ月死ぬほど努力した結果、激しい運動は難しいものの、日常生活は送れるようになった。僕は治療と勉強を併行して現実的な答えを探した。軍病院で毎日実践した読書と書き物が、除隊だけではなく、リハビリにも大きく役立った。僕はますます知識と思考の力に魅了されていった。

フィナーレ

さかのぼる
お金、時間、精神の自由を得る

誰かがこの時期までの僕の人生を見守っていたとしたら、どう評価しただろうか？　貧しい家に生まれた、頭の悪いブサイクな少年の悲劇的な物語だろうか？　そんなふうに見ることもできる。でも、僕はそんなスタートであっても少しずつ、少しずつ前進しようとした。障害物を一つひとつ乗り越えて、新たなスキルを取得した。ひどい苦しみの中でも自分を憐れむことなく、その状況を成長のための材料にしようと努めた。何も持っていなかったけれど、読書と書き物によって出会った、多くの人々のストーリーと武勇伝が勇気と知恵をくれた。

ここまで僕の長い物語をお聞かせしたのは、それが理由だ。

難病を患って30歳で除隊した僕は、無一文の失業者だった。しかしさまざまな戦いを経て、経験値とスキルを手にしていた。どんな問題が迫ってきても、最適な攻略法を見つけ出せる自信があった。神様に与えられた試練の前でへたり込むのではなく、それを踏み台にしてのし上がっていく逆行者になりつつあった。どんなに大きな試練に見舞われても、工夫に工夫を重ねれば常に攻略法は見つかったし、苦難を乗り越えるたびに僕の器は大きくなっていた。除隊から半年後、身体がすっかり治ってきた頃、僕は〝ジャチョン*〟になる準備が整っていた。

それからどうなったって？

31歳、まったく働かなくても毎月5千万ウォンを稼ぎ出すシステムを構築した。身体は完全に回復し、スポーツを楽しめるようになった。32歳、〈イサンハンマーケティング〉という会社を作った。1カ月の純利益が8千万ウォンを突破するようになった。「ジャチョン」という芸名でYouTubeチャンネルを開設し、半年で16万人のチャンネル登録者を獲得して引退した。

＊自手（ジャス）成家（ソンガ）〔一代で財を成した人の意〕青年（チョンニョン）

多くの時間は海外で過ごし、夢だったスポーツを始めてトロフィーを増やしていった。

34歳、それまで想像もできなかった規模で収益が上がっていった。事業が大きくなり、スタッフを大規模採用した。35歳、正社員とアルバイトを含めて130名以上のスタッフと一緒に働いている。合計6つの事業と4つの投資事業が自動収益を生み出している。こうして得た数十億の資産は、20％以上の投資収益を上げている。その後は、リアル店舗として〈欲望のブックカフェ〉、ウイスキーバー〈INFINI〉、清潭洞の和食フュージョンレストラン〈W.LABO〉などをオープンし、経済的自由を越えた自己実現に取り組んでいる。そして僕は、起業家として次なるステージに挑んでいる。

僕の人生を変えたジハンとはどうなったか、って？　ジハンは僕が本を執筆するというブログ記事を見て、8年ぶりに連絡をくれた。僕はずっとジハンを恋しく思っていたし、人生最高の恩人だと考えて、また会える日を待ち望んでいた。電話で話をした後、僕たちはまたベストフレンドに戻り、毎日連絡を取り合っている。ジハンはプログラミング事業で大成功し、僕を大いに助けてくれている。趣味のクライミングも一緒に楽しむ人生のパートナーになった。

僕を縛るものはもう何もない。あれほど僕を苦しめてきた勉強、お金、ルックスの「3つの壁」は崩れ去ったのだから。周囲の人々に、幸せかと聞かれることが増えた。そのたびにいつもこう答える。

「この状況で不幸だったら、おかしいですよね？　本当に幸せです。永遠に生きたいですね」

僕が経済的自由を得るに至った物語はここまでだ。

なぜ、まず過去の話をしたのか？　正直に明かすと、あなたの「無意識に亀裂」を入れたかった。これまで、僕の無意識は「おまえは劣等な人間だ。勉強、お金、ルックスのどれをとっても平均レベルを超える日は絶対に来ない」とささやいていた。

すでに書いた通り、若い頃の僕は強い固定観念を抱いていた。「僕は永遠に200万ウォン以上稼げないだろう。一生、工場で安月給をもらって、ワンルームに閉じこもってゲームをして生きるんだ」と。

ところが、成人になって初めてちゃんと本を読んだことによって、少しずつこの観念が壊れはじめた。

一代で財を成し遂げた人々の物語に感情移入するうちに、彼らと自分を同一視するようになった。次第に「僕もこんなふうになれるんじゃないか？　こんな状況からでも成功できるかもしれない。何か方法があるんじゃないか？」と考えるようになった。無意識に亀裂が入ったのだ。

もし僕の過去の物語を公開しなかったとしたら、あなたはかつての僕のように「違う世界の話」あるいは「どうせ金持ちとか、天才とかの話でしょ」と本を閉じてしまったかもしれない。僕のエピソードがあなたのすべてを変えることはできないだろうが、少なくとも無意識に亀裂を入れるきっかけになることを祈る。また、本書を最後まで読まなかったとしても、無意識に亀裂を入れるという概念だけは覚えておいてほしい。

さあ、ここからは本格的に逆行者7段階モデルを見ていこう。自由を捕まえにいくのだ。

CHAPTER 2

逆行者1段階

自意識を解体する

神は人間をダメにしたいと
思ったら、まず彼を
〝成功するはずだ〟とおだてる

——シリル・コノリー
——『可能性の敵』

「あの有名事業家は、実家がもともと金持ちなんだろ。ん？　貧しかったって？　じゃあ詐欺でもして金を稼いだんだな」

「私が付き合ってきた男はクズばっかり。男なんて信じられない」

「本を読まずに金持ちになった人もたくさんいるよ。僕は本なんか読まない。YouTubeがあるのに、わざわざ読書する必要ないし」

「不動産で稼いだ人はどうせみんな投資家だよ。まじめにコツコツ稼がないとね」

「ソウルの大学？　ＳＫＹ〔韓国のトップ3大学。ソウル大学、高麗大学、延世大学の頭文字〕じゃなきゃ意味ないでしょ。ソウル大卒でもバカな子は多いよ」

ネット上でたまに見かけるコメントだ。断言してもいいが、こんなことを言う人は人生の自由を手に入れることはできない。これらはやや極端な例だが、多くの人が自意識のせいでチャンスを逃している。自我が傷つくことを避けようとして、重要な学習の機会を逃してしまう。一世一代の有益な情報に触れても、自意識を守るために回避して、順理者としての人生を続けていく。

自意識の解体は、逆行者7段階モデルにおいてもっとも重要な概念だ。この部分が解決されなければ、どれだけいい情報が入ってきても「私にはできない」「これには裏があるはず」「こんなのでたらめだ」と合理化して受け入れられず、成長の可能性が完全に閉ざされてしまう。多くの人々が自由な人生を得られない理由がここにある。僕としても、早く本論に入って「こんなふうにお金を稼ぐんですよ」「こんなふうにすればいいんです」と言いたい。でも、あなたの防衛機制は僕が伝えようとする情報をすべてはねのけることだろう。

自意識を解体しない以上、いかなる成長もできない。頭のいい人の大部分が一定の年齢を超えると、何もかも〝人のせい〟にして永遠に成長できなくなってしまうのはそのせいだ。

新しい情報を聞くには、10分もかからない。それなのに、成功した友人が情報を提供してくれても「えらそうに」と思って聞き流してしまう。自意識は、自分より優秀な人に対する拒否感を芽生えさせる。経済的自由を手にするための本を薦められても「いくら本を読んだって、ダメな人はダメなんですよ」と言い訳をして拒絶する。実際は、本人の読解力が足りず、頭が悪いのである。それを認めて、どうやって読解力を上げていくかを考えるべきなのに、自意識は「私はバカだ」ということを認めようとせず、合理化をして逃げてしまう。

なぜそんなことがわかるのかって？　僕がそうだったからだ。読書に投じる時間は、長くても一日30分だけでいい。1冊の本で、完全に人生が変わるかもしれない。それにもかかわらず、人は自我が傷つくことを恐れ、あらゆる言い訳をして読書から学ぶことを避ける。

お金を稼ぐ実質的な方法論を教えても「別に知りたくありません。お金よりも大切なものがあると思っていますから」と余裕を見せる。本当は心からお金を求めていて、お金のせいで人生の自由を奪われ、ときにはお金にがめつい行動をとる人でさえも。それなのに、自分の思考が矛盾していることを認めようとはしない。

大多数の人は、操り人形のように自意識の糸にもてあそばれている。この糸を断ち切らない限り、自由へと前進することはできない。自意識は人間に欠かせない心の仕組みだが、自由へとつながる道において人を邪魔する。このチャプターでは、逆行者7段階モデルの最初の段階、自意識の解体についてご説明したい。

例を挙げてみよう。天才科学者が作り出した〝ジス〟という人型ロボットがいるとする。ルックスは人間と区別できないほどで、自ら考える力があり、自我を省みることもある。苦難や逆境に立たされると、知恵を発揮してトラブルを解決し、達成感と幸せを感じる。ジスは自分を特別な存在だと感じ、自分は人間だと信じている。そんなある日、衝撃的な場面を目撃してしまう。自分と同じような外見を持つ数多くのロボットと、開発者のコンピュータを目にしたのだ。コンピュータにはこんなプランが書かれていた。

1．すべてのロボットは知能を持つように設計する。

2．すべてのロボットは問題に直面すると苦痛を感じ、問題を解決すれば喜びを感じるように設計する。

3．こうした記憶が蓄積され、ロボットが次第に自我を持つように設計する。

ジスは設計プランを見てショックを受けるが、だんだん気持ちが落ち着いてくる。「私はそこに並べられている他のロボットとは違うの。私は開発者の意図をきちんと理解できているんだから。私は経験をベースに進化し続ける人格体。だから、私は特別な存在なんだ」

しかし、ジスの知らないプランがもう一つあった。

4．もしロボットが自分の正体を知った場合、「私はより特別だ」と感じるように設計する。自我が崩壊しないように。

人間もジスと変わらない。遺伝子によって定められた本能と環境に支配されている。同時に、危険から自分を守るための自意識が搭載されている。こうした初期設定に縛られない人はいない。神は数々の「一世一代の機会」を授けてくれるが、人間は自意識に妨害されてチャンスを棒に振ってしまう。「私はお金なんてなくても幸せ」とひたすら言い聞かせているが、どうすればお金が増やせるかを常に心配して、給料が安いと文句を言い、外食をするたびにメニューの価格を見て不安になる。認めよう。そこから発展が始まる。

自意識に関する実際の例をご紹介したい。僕が手がけている事業は、心理相談、電子書籍発刊、マーケティングが中心だ。「復縁カウンセリング」という事業分野で10年間、国内トップを維持している。顧客は女性がメインだから、女性のケースをお話しする。

恋愛カウンセリングをしていると、残念な人に出会うことがある。自意識が強すぎる人だ。彼女たちは自分をとても愛するあまり、傷つくことを極端に恐れている。誰かに愛されたいと思っているのに、傷つくのが怖くて、出会いそのものを避けてしまう。愛されたいという気持ちも自意識があるからこそ起こるものだが、行き過ぎた自意識のせいで、恋愛のチャンスを逃してしまうのだ。

皮肉なことに、こうした人々はたいてい自分の理想よりもずっとダメな男を選ぶ。なぜか？石橋を叩き過ぎるからだ。愛されたいのに、間違った恋愛をするのが不安で、やたらと相手を拒絶する。すると、いい男が去っていく。しつこく非常識にアプローチしてくる男は、性格に難アリの男や非モテ男、下心だらけの浮気者ばかりだ。女性は合理化をしながら、そんな男と付き合いはじめる。しかし、過度に自意識が強いせいで恋愛はうまくいかない。低レベルの男は自分の欲望を満たしたら去っていく。悪循環のサイクルが完成する。この女性は「やっぱり男ってみんなクズ」と考えて、誰に対してもなかなか心を開けなくなる。男にも同じことは言える。

彼らはなぜ恋愛に失敗するのか？　理由は簡単だ。経験が少ないせいだ。実体験が乏しいのに、心の中はファンタジーと自分だけのルールでいっぱいになっている。恋愛は相手をありのままに受け入れて気持ちをやり取りしていくものなのに、「自分」という存在が大切な彼らは、相手の心を推し量ったり、受け入れたりすることに不慣れだ。洋服の裾を濡らさずに水遊びをすることができないように、自我を少しも傷つけずに恋愛をすることはできない。

しかし、彼らにとっては自分が傷つかないことが世界で一番重要なのだ。人を見る目がなく、相手の心理もわからない。悪い男にばかり捕まって、いつも恋愛に失敗するが、理由がわからずにやきもきする。そして、復縁カウンセリングを申し込むのだ。

彼女たちは、カウンセリングのときも同じような傾向を見せる。一見クールで、相手に未練などないかのように振る舞う。別れを告げられた相手とやり直したくて、復縁相談までしているという状況が、すでに自意識を傷つけたはずだ。だから相談内容も似ている。

自分にはまるで落ち度はなく、何もかも相手が悪いと話す。そんなケースもなくはないだろうが、たいていの恋愛は双方に過失がある。こうした過度な自意識は、相談に来た理由に如実に表れる。「やり直したいわけじゃなくて、復讐をしたくて来たんです。あの人は本当にクズなんです」。本当は相手とまた付き合いたいのに、これを認めると自意識が傷つくから「復讐したい」「見返したい」と言い訳するのだ。だから、僕はこう答える。「復讐はするにしても、もう二度と会わなくていいということですよね?」。依頼者はあわてふためいて支離滅裂になり、「完全に切るのはちょっと……。相手がすがってきたら考え直してみてもいいかな、って」。

僕がカウンセリングを担当したある女性は、自意識のせいで30歳まで恋愛を台無しにしてきた。せっかく自分にすべてを捧げてくれる男性と恋愛を始めても、不慣れなせいで関係を壊してしまう。「恋愛上手になる方法」といった記事を見かけても、「こんな記事はみじめな女が読むもの」と考えて知識を吸収しようとしない。自分が関係を壊したにもかかわらず、ひたすら相手のせいにする。そして、恋愛にトラウマがあるからと誰とも付き合おうとしない。無意識下では、いい男との出会いを望んでいるが、回避を繰り返す。

多くの人が「お金」に対しても似たような態度をとる。お金が欲しいと強く望んでいるのに、「重要なものじゃない」と言う。自分の給料が少ないことを「社会がおかしい」と非難する。お金を稼ぐ方法を目にしても「品がない」と切り捨てる。過剰な自意識のせいで、あらゆるチャンスを逃してしまう。

自意識が人間をダメにする理由

そもそも自意識は何のためにあるのか？　自意識は人間が生き残るために作られた進化の産物であり、さまざまな感情と知識を組み合わせて周囲の状況にうまく対応するためにある。単純な生物には自意識がない。エアコンやテレビの中のチップが単純な動作だけを繰り返すように。しかし、僕たちが使うノートパソコンや複雑なスーパーコンピュータには、もっと複雑な運営体制が必要だ。あちこちにリソースを分配して入出力装置を連結し、プログラムを動かさなくてはならない。自意識とは、高度な運営体制なのである。

ただし、外部環境に適応して行動するために作られたこの自意識が過度に大きくなると、つまり、運営体制が暴走してしまうと、本来の機能通りに働きにくくなる。外部信号をゆがめ、誤った思考と判断を引き起こしてしまうのだ。

真実をありのまま受け入れることは、なぜこれほどまでに難しいのだろう？　数々の研究によって答えが導き出されている。僕たちの脳は身体と同じように、なるべく安定した状態を維持したがるからだ。急いで解決すべき問題にはすぐに反応し（原始時代に猛獣に襲われたとき、熟考していた祖先の遺伝子はすでに地球上から消えたことだろう）、そこまで重要ではない問題にはほどほどに対応して、脳はできる限り少ないエネルギーで多くのことを処理する（それでも全身のエネルギーのうち、20％を消費する）。深く考えず、自分と他人を適当に騙して「適当に収拾する」というコスパ最高の運営体制のおかげで人類は生き残ったのだ。

たった今、とても大きなミスをしたとしよう。たとえば、1年かけて増やした株をうっかり売ってしまったとする。もちろん、いつものように株価はそのうち回復する。脳は自我がめちゃくちゃにならないように、あらゆる理由を探して行動を合理化する。「大丈夫。すぐに下落するよ。急騰する銘柄を探して、残った現金で買えばいい」。しかしチャートの株価が上がっていくのを見ていると、この程度の合理化では認知的不協和（自分の行動や思考と矛盾した状況において感じる不快感）は解消されない。八つ当たりの対象を探しはじめる。「こうなったのもすべて株式投資チャットルームででたらめを言ったあいつのせいだ！　投稿をキャプチャーして金融監督院（日本の金融庁に相当）に申告してやろうか？」などと、あれこれバカバカしいことを考えているうちに傷ついた心が落ち着き、ホルモン数値と血圧も正常に戻っていく。

片思いの相手を友達に奪われても、ビットコイン投資で全財産を失っても、1カ月後にはおいしくごはんを食べられるように自我の面倒を見てくれるのが自意識だ。傷口を縫い合わせて適当なストーリーを編み出し、自分が価値ある存在のように感じさせてくれる。個性を生み、他人から魅力的に見えるようにしてくれて、人間関係を円滑にしてくれる重要なソフトウェアだったことだろう、原始時代は。

自意識は優れた心の仕組みだが、人生全体という大きな観点から見ると、自由を奪い、人生を台無しにしてしまう元凶だ。前述の株のケースのように、ありえないミスを犯したときにすべき合理的な思考は何だろうか？　他人のせい、国家のせい、運のせいにするのではなく、まずは自分の愚かさと感情的な態度を認めなくてはならない。自分の劣等を認めることによって自意識を解体し、これからどんなふうに問題に対処していくのかを考えるべきだ。

たびたび恋愛に失敗して、たちの悪い相手とばかり付き合ってきた人は、復縁カウンセリングのときに決まってこう言う。「今まで出会った人は、みんなクズだったんです」。この言葉には「相手が悪かっただけで、私には何の落ち度もない」という意味が含まれている。とことん相手のせいにして、過去の恋愛の記憶を最悪なものとみなす。逆に、賢く上手に恋愛をする女性たちは、けっして人のせいにすることはない。「私に見る目がなかった」「相手があああなったのは、私の行動が間違っていたから」と反省し、同じ失敗を犯さないように成長していく。他人に責任を押しつけるのは、自意識を守るための一時的な方便に過ぎない。

ただ素直に認めるだけでいいのだ。恋愛に不慣れで、低レベルな男に捕まってしまったということを。たとえば、こんなふうに。

■私が恋愛できずにいるのは、男たちに見る目がないからじゃない。とりあえず、自分に問

題があると考えてみよう。ルックス？　それなら魅力的な女性たちの共通点を探して、真似をしてみよう。自分の好きなテイストにこだわるのはよくない。「ありのままの私を好きになってくれる人」を探すのは、ただ単に自分が楽をしたいからかもしれない。

■これまでおかしな相手とばかり付き合ってきた理由は何なのか？　似た者同士が出会うという言葉もある。実際、自分がおかしいのかもしれない。恋愛について学ぶなんて幼稚だと考えるのは、傲慢かもしれない。とりあえず、恋愛の知識をネットや本で学んでみなきゃ。何もしないよりはましじゃない？　これを恥ずかしがっているほうが問題かも。

■彼氏が浮気をした。浮気をする男も多いけど、献身的でいい男も必ずいる。相手が浮気をしたのは、自分に問題があったせいかもしれない。その方向で考えてみよう。そして、男のほうに問題があったのなら、そんなタイプの男に出会わないようにする方法を考えてみよう。自分が未熟であることを認めよう。改善していけばいいだけだから。

これを読んで、「あたりまえの話」だと思った人も多いだろう。でも、こんなふうに認めるのは簡単なことではない。断言してもいいが、こうした思考を〝実際に〟できる人は1％程度に過ぎない。僕たちの心は、自我が傷つくことにひどく敏感に反応するように設計されているからだ。

復縁カウンセリングは、自意識の下に隠されたストレートな欲望と向き合う過程を経る。自己客観視をサポートするだけでも、複雑な感情がかなり整理される。自意識の解体がもたらしてくれる結果は「自由」だ。

恋愛以外においても、さまざまなシーンで自意識が成功を邪魔していることがある。

ケース1

ジヨンは大学のデザイン学科を卒業した20代半ばの女性だ。数々のコンテストで賞を受賞していて、デザインには自信がある。ところが、彼女の事業は順調とはいえない。間違った自意識の発動に妨げられ、数年間まったく収益を上げられずにいる。僕はある日彼女に会って「自意識を解体すること」を勧めた。

「アートを追求するのは、お金を稼げるようになってからでも遅くないよ。今きみがやりたいことはビジネスであって、アートじゃないんだ。デザインに関するバカバカしいプライドは捨てたほうがいい。きみの気持ちはわかるけど、まずは人の役に立つ仕事をすべきだよ。カッコいいことをしようとしないで。それはただの自己満足だよ。大学の友達に知られたら恥ずかしいという感情に打ち克つんだ。まずは経済的に豊かにならなきゃ。デザイナーは妙な自意識のせいで『ロゴなんかデザインしたって何になるんだよ』と考える傾向がある。だからこそチャンスがあるんだ。ロゴデザインのビジネスを始めてみなよ。余計な自意識は捨てるんだ」

彼女はショックを受け、最初は受け入れようとしなかった。しかし、やがて自意識の解体に成功した。そして、あっという間に月3千万ウォン以上の純利益を出すようになった。現在は15人以上のスタッフと共に成功街道をひた走っている。

ケース2

ギョウォンは33歳の女性、ジヘは26歳の女性だ。ギョウォンは女性事業家の交流会でジヘと出会った。参加者の年齢層が高かったので、年の近い2人はすぐに親しくなり、お互いがどんな仕事をしているのかを知った。ジヘは20代の若さにもかかわらず、交流会の参加後に急成長を遂げ、毎月3千万ウォンを稼ぎ出すようになった。ギョウォンも月1500万ウォンを稼ぐ優秀な人だったが、自分より若いジヘが成功するのを見ていると腹が立ってきた。最初は優しい子だと思っていたのに、よこしまな気持ちがあって自分に近づいてきたのではないかと考えるようになった。しまいには不道徳なことをしているのではないか、自分の収入を誇張して話しているのではないかと疑うまでになったのだ。

やがて交流会は自然消滅し、1年が経った。ジヘに対する嫉妬と疑いを捨てられずにいたギョウォンは僕に問題を打ち明け、僕は自意識の解体について話した。ギョウォンは賢い人だった。その後、自分を見つめ直して、愚かさを認めた。ギョウォンは長文のメールをジヘに送り、謝罪の意を伝えた。あなたに嫉妬していた、あなたからは実に学ぶべき点が多い、一度会いたいと告げた。

2人はどうなったのか？　もともと親しかった2人は本当の親友になり、ギョウォンはジへのいいところを学んでいった。自意識を解体した彼女は、自分が直面している問題をまっすぐに見つめ、一つずつ解決していった。彼女は現在、毎月6千万ウォンを稼ぐ事業家だ。ここで重要な点は「いくら稼いだか」ではない。自意識を解体してこそ心理的に安定でき、繰り返す失敗を成功に切り替えることができる。自分の愚かさを認めよう。嫉妬の対象より劣っていることを認めよう。そこから発展が始まる。自意識によって自我への傷を避けようとしているだけでは、けっして前進できない。

実践

最近、自分より優秀な成果を出した人の動画を見たり、会ったりしたことはあるか？　イヤな気分になったり、相手に対してよくない感情が芽生えたりしたことはあるだろうか？　自意識を守るためにそんな気分になったのではないか、振り返ってみよう。もし自意識を解体できていれば、その居心地の悪い感情を乗り越えて最後まで動画を視聴し、学ぼうとしたはずだ。実際に会ったことのある相手なら、一つでも多くのことを学ぶために連絡をしたかもしれない。

僕にとって、とても大切な人々

「ビル・ゲイツ？　ただ単に運がよかっただけでしょ。プログラムを一つ作って、億万長者になったんだから」

「iPhoneを作ったのはスティーブ・ジョブズじゃないよね。ジョブズは、真の天才のウォズニアックに便乗しただけだよ」

「ウォーレン・バフェットが慈善家だって褒め称えられてる理由が理解できない。あの人は株で儲けただけじゃないの？　ただの投資家じゃん」

誰が書いた文章なのか？　ネイバーニュースの記事についたコメントだ。お金に関するインターネット記事のコメント欄には、決まってこんな意見が上位に並んでいる。こんなコメントをする人は「自意識ゾンビ」といえる。自意識を守ってばかりで、何の挑戦もしない。ベッドの上でコメントを書き込み、社会的に大きな成果を上げた人をこきおろして満足する。ネズミがエサの出てくるボタンを押すように、彼らは自意識を傷つける優れた存在を見つけると、反射的にけなそうとする。ゾンビと変わらない。フェンスの中にいるニワトリと変わらない。あなたがもし自由を求めていないなら、こんな人生のままでもいいだろう。しかし、自由を手にしたいという気持ちがあるなら、自意識ゾンビから脱しなくてはならない。

自意識はすさまじい。少なくとも数十万年を人類と共に歩んできた、しぶとい本能だ。僕たちの遺伝子は自意識をふくらませる。そのうえ現代社会においては、我が子をちやほや育てる親、他人の関心を集めるためのＳＮＳによって、ただでさえ大きな自意識がどんどん肥大化していく。

自意識を満足させれば、一時的には幸せになれるかもしれない。しかし、いつかは失墜する。物事が間違った方向に進み、人が離れていく。性格がおかしくなるだけではない。自分を客観的に見ることができず、人生につまずいて貧困に陥ることになる。安山で暮らしていた頃の僕、ジヘに嫉妬したギョウォン、ネイバーニュースにコメントを書き込む彼らのように、不幸を呼び寄せてしまう。順理者の人生だ。


不幸や貧困の多くは「自分を愛しすぎている」せいで発生する。自意識は人間を大きく成長させる原動力でありつつ、人生を不幸と貧困に陥れる主犯だ。周囲を見てみよう。

幼い頃はとても優秀で、いい大学を出ていても、数百冊の本を読んでいても、不思議なくらい何も果たせていない人がいる。そんな人をそばでよく観察すると、たいていは自意識に縛られて、もどかしいほど意固地になっている。彼らは持って生まれた才能を伸ばすことができずに退化する。誰かに耳の痛いことを言われたときの言い訳も常に用意している。親が、時代が、適性が、好みが、健康状態がよくないからだと言う。誰もが知っている真の原因から、本人は目をそらしている。

こんなことが気になっている人もいるだろう。「年を取ると、どうして説教くさくなったり、空気が読めなくなるのか？」。もちろん老化も一つの原因だろうが、まだ30代なのに説教くさい人も少なくない。何も成し遂げられないまま、自分より若いMZ世代に忠告ばかりしている人がいる。これは老化の問題ではなく、「自意識ゾンビ」になっているせいだ。

彼らは20〜30代の間ずっと、自意識ゾンビとしてあらゆる情報をはねのけながら、自意識を守って生きてきた。その結果、自分は優秀だったと考えて、世の中を否定する。自分を傷つけた情報からは目をそらしているが、この傷は無意識の中に積もっていく。表向きは堂々としていても、内面は腐っていて、誰でもいいから自分を認めてほしいと願っている。

そのため、自分より若い人に〝忠告〟をすることによって、自分が優れた人間であることを示そうとする。いつも世間を否定しているから、若者に忠告をして優越感を抱く。これまでの人生で負った傷を癒すために、相手の感情を無視して、自尊感情を満たすのだ。

自意識を解体する3ステップ

自意識解体の重要性がわかったら、実践に移ろう。

誰かに会って理由もなく居心地の悪い感情が芽生えたとき、僕はまず「自意識解体」という言葉を機械的に思い浮かべる。そして、この不快な感情はどこから来たものなのか、どんな劣等感が刺激されたのかを考える。こうした「探索」が自意識解体のステップ1だ。

この探索には驚くべき効果がある。肥大化した自我から、一定の距離を置くことができる。嫉妬し、腹を立て、疑う幼稚な自分の姿を落ち着いて見つめられるようになる。すると、自分の傷、誤った攻撃性、ゆがんだ思考がある程度見えてくる。新しいことを受け入れる余裕が生まれる。

ステップ2は「認知」だ。

「あの人を見ると、なぜイヤな気分になるんだろう？　嫉妬しているのかもしれない。嫉妬は学びを邪魔するから、いったん自分の感情を認めて、相手のいいところを吸収しよう」

「僕はどうしてモテないんだろう？　魅力がないんだろうな。魅力がないなら、高めていけばいいいや」

「お金の話をする人を見ると、なんだか不快だし、反感を抱いてしまう。充実した人生を送るには、お金があることが必須条件の一つなのに。お金に関して自分に自信がないから、目をそらそうとしていたみたいだ。これから何をすべきだろうか？」

最初は少し気恥ずかしくて抵抗があるが、何度かやっているうちにおもしろくなる。誰かに初めて会ったときに理由もなく傷つくのは、自意識が刺激されたからかもしれない（たとえば、ずっと手にしたかったけれどあきらめたものを相手が持っている、自分より魅力にあふれている、自分が必死で否定してきたものを持っている、など）。

だとしたら、あなたの内面は自我を守るためにさまざまな対応の準備を始める（争うべきか、逃げるべきか、激高すべきか、など）。自意識解体はこの段階に進まないための努力なのだ。自意識から一歩離れて、自分を客観的に見られるようになる。

最後のステップ3は「転換」だ。探索と認知によって自分の感情を理解して認めた後は、それをポジティブ思考に切り替えなくてはならない。以上をまとめると次のようになる。

- **探索：自分の気持ちの変化をじっくり観察し、その感情がどこから出てきたのかを考える。**
- **認知：気持ちの変化の理由を客観的にとらえ、現在の自分の境遇と比較して、認めるべき点は素直に認める。**
- **転換：認知によって劣等感を解消し、これを変化のきっかけにするためのアクションプランを練る。**

探索、認知、転換はどんなふうに行うのか？　例を見ていこう。

実践1

探索 どうしてあの人の動画を見るとイヤな気分になって、うさんくさいと思ってしまうんだろう？

認知 あっ、自意識のせいで相手を否定しようとしていたみたいだ。でも、あの年齢であんな成功を収めたのなら、見習う点が必ずある。合わないところもあるかもしれないけど、とりあえず学ぶべきところは学ぼう。

転換 動画を見るのは不快だけど、それでも最後まで話を聞いてみよう。学ぶべき点は学んで、実践できることは試してみよう。

実践2

探索 女にモテるあいつを見ると、「女を食い物にする遊び人に決まってる」と思ってしまうのはなぜだろう。

認知 自意識のせいで相手に嫉妬して、劣等感が芽生えたんだな。異性に好かれる魅力はどこにあるのか？　観察してみよう。

転換 あんな奇抜な行動をとるなんて。ああいうところが魅力の秘密なんだな。一つ勉強になった。敵対視するんじゃなくて、友達として仲よく過ごしてみよう。

自意識解体はメンタルを強くするだけでなく、学習能力を大きく向上させ、意思決定力を高めてくれる。僕が最初に自意識解体について話した理由は簡単だ。これができなければ、これからお話しするどんなことも実現できないからだ。心にバリアを張っている人に、僕の話がまっすぐ届くはずがない。腕組みをして鼻で笑う準備をしている人に話を聞いてもらえるだろうか。新しいことを受け入れるには警戒心をやわらげる必要がある。自意識が強まっている状態ならなおさらだ。

人生を無駄にする特別な方法

自意識の弊害について説明したついでに、もう一つ、バカバカしいことについて話しておきたい。それは、「自意識の投影」だ。人間は、人生において、何度も他人をロールモデルにする。幼い頃は母親や父親、学生時代は学年トップの優等生やスポーツ万能な友人に憧れる。でも、成長するにつれて、こうした同一視（自分を優れた他者に重ね合わせて、自己評価を高める防衛機制。

同一化とも〕現象は自然に克服されていく。自我が確立して個性が伸び、他人と自分を一体化しようとする幼稚な欲望は弱まるものだ。

ところが、大人になってもそこから抜け出せない人がかなり多い。僕はこれを「自意識の投影」と呼んでいる。すべて「行き過ぎた自意識と、不足した自尊感情」のせいで起こることだ。こうした人々は自分を他者、あるいは架空の自分に投影することによって人生を無駄にする。しがない現実から目をそらすのだ。

僕はありとあらゆるスポーツを楽しむ多趣味人間だ。バドミントン、テニス、ゴルフ、クライミング、サイクリング、サーフィンなどに毎日時間を使う。運動は健康によく、創造力を高めてくれるから、一日に1時間程度、投資のつもりで楽しんでいる。人生の主体はあくまで自分自身であり、趣味を通して、付加的な自我を拡張する〔自分を取り巻く家柄や学歴、服装、持ち物、交友関係などを含めた自分自身のことを拡張自我という〕。

一方、自意識ゾンビは自分自身の人生を放棄し、付加的な自我ばかりに熱中して人生を無駄にする。ネット上で誹謗中傷をする人は、他人の人生を妨害するために自分の時間を費やし、情報を集めて拡散する。これも自意識の投影の極端な例だ。その他のケースを見てみよう。

■**現実世界から逃げて、一晩中ゲームばかりしている人。ゲーム仲間から「すごい」という一言を聞きたいがために、大金をつぎ込んでアイテムを購入し、時間を浪費する。**

■毎日インスタグラムにカフェの写真をアップする大学生。「ここはどこですか？　毎日スイーツを食べているのに、どうしてそんなにスリムなんですか？」というコメントをもらうために、新しいカフェ探しにお金と時間を費やす。

■毎週末、登山やサイクリングに行き、家族サービスをしないおじさん。同好会では会長と呼ばれてお金をバンバン使うが、妻と子どもたちにとっては最悪のパパだ。

■ポータルサイトのニュースと掲示板を巡回し、あらゆることに知ったかぶりをするエセ評論家。「いいね！」をもらうために過激なコメントを乱発し、同類の人々とバトルをするために夜を明かす。

こうしたケースは他にもたくさんある。野球チームの応援がほとんど職業と化しているサラリーマン、ネット上の誤字脱字を指摘しては毎日議論をふっかける大学生、Appleの新製品を一番に買うためにショップの前にテントを張るニート、外車を買って風呂なし一間で暮らす新社会人、名門大のジャンパーを自慢げに着ているが、何もできない学歴信仰者……。

こうした人々は自分が惹かれた対象と自分自身を同一視する。名作ゲーム、地域のスポーツチーム、インスタグラムの中の作られた自分、同好会の会長、アイドルのファンクラブスタッフ、外車オーナー、難関大学の卒業証書……。問題は、同一視しているその存在自体が虚像に近いという事実だ。

そうしたものは、少し時間が経てば消えてしまう。今は慕ってくれる人々も、共通のテーマでつながっているだけで、真の友人になることは少ない。同好会でメンバーにランチをおごるたびに「会長、ありがとうございます。いただきます！」と感謝されていても、金銭的な援助を求めたら相手の表情は変わるはずだ。何ごとにも限度というものがあるのに、本人だけがその役割にのめり込んで抜け出せない。

もちろん、適度な没入は人生に活力をもたらすという側面もある。本当に自分の人生に直結していることなら、むしろ没頭すべきだ。趣味から始めて、その分野の大家となって成功する人も少なくない。僕が指摘しているのは、自分の現実から逃げて、別のことに熱中しているケースだ。

依存性や中毒性の高いものは世の中にあふれているため、ともするとたいした危険性はないと思ってしまいがちだ。でも、肝に銘じておこう。こうしたものは、この世で一番貴重な、あなたの時間を食いつぶす。一見、何かを達成しているように思えるが、実際は脳の報酬系回路を刺激し続けて、自分をパブロフの犬にしてしまう嘆かわしい行動だ。意志を持って運命に逆らう人間らしい人生でなく、動物としての本能に忠実な、順理者の人生そのものである。なぜこうしたものにハマってしまうのか、冷静に考えてみてほしい。これまでの時間が無意味だったことを素直に認めて、今気づけたことに感謝しよう。自意識から抜け出すことこそが、逆行者になるための第一歩だ。

次のチャプターに進む前に、本を閉じて10分だけ散歩をしてみてはどうだろう。スマホは置いて行こう。

「私は今まで、どんな発言に過剰反応して、気分を害していたのか？」

「あの行動は、過剰な自意識が引き起こしたことだったのではないか？」

「自意識を傷つけないための行動だったんじゃないだろうか？」

歩きながら、じっくり考えてみよう。ウォーキングはいいアイディアをもたらしてくれる最高の方法の一つだ。

CHAPTER 3

逆行者2段階

自分のキャラクターを設定する

身につけたい資質があるなら、それをすでに持っているように行動しなさい
――ウィリアム・ジェームズ

20歳まで最悪の生活を送っていた僕は、映画館でアルバイトを始め、そこで仲間はずれにされた。その後、読書によって僕の人生は完全に変わった。１００万人のチャンネル登録者数を持つ、とある不動産YouTuberは、30代半ばの頃に会社の先輩が解雇されるのを見て覚醒した。アソンダイソー〔韓国のダイソー。日本の大創産業が保有していた株式の34・21%を取得〕のパク・ジョンブ会長、グローバル総合バイオ医薬品企業セルトリオンのソ・ジョンジン会長も、40代で会社をクビになったことで覚醒した。自力で財を成した人々には、一つの事件をきっかけに人生が様変わりしたという共通点がある。

「母が亡くなるとき、『おまえだけは金持ちになってほしい』という言葉を遺したんです。そのとき目が覚めました」

「子どもを2人授かりましたが、粉ミルクを買うお金すらありませんでした。会社でこき使われながら、やっとのことで２００万ウォンの月給を稼ぐ生活がつらすぎて自殺を考えました。漢江《ハンガン》まで行って飛び込もうとしたとき、変わろうと決心しました」

「彼女の友人と母親にひどく嫌われていました。高卒のチンピラ扱いされるのがあまりにも悔しくて、結婚に反対されたことにも怒りが湧きました。とんでもない成功者になってやるぞ、とそのとき心に誓ったんです」

大きな成功を収めた人の多くが言うように、こうした決定的な事件は人生を変えるきっかけになる。究極の不幸を逆転のチャンスに変えた逆行者は、ドラマティックなエピソードを持っていることが多い。しかし、こうした大きな変化のチャンスに出会える確率は極めて低い。あるいは、〝運よく〟きっかけが訪れても、それがチャンスであることに気づかない人がほとんどだ。自分は不幸な人間なんだなと自嘲するだけで終わってしまう。

このように、多くの人は覚醒の契機となる事件を経験することがない。ある意味、運がよくなければ事件は起こらない。では、人生を変える事件を人為的に作れるとしたらどうだろう？0・1%の人だけが経験する大事件を作り出せたら、キャラクターをドラマティックに変えることができるのではないだろうか？　僕はそれが可能だと考え、「キャラ設定」と名づけた。このキャラクター理論は、逆行者になるためにとても重要なスキルだ。

自分の頭をフォーマットできるなら

ここまで読んできたあなたは、今どんなことを考えているだろうか？

「本を1冊読んだだけで、誰でも経済的自由を得られるなんてありえない」

「ジャチョンは自分のことを出来が悪かったと言っているが、何か特別なところがあるに決まってる。私とは違うんだ」

「ジャチョンは宝くじに当たったようなものさ。ただ単に運がよかっただけなのに、それをそのまま真似したって意味ないよ」

「まるで夢物語だな。僕は月1千万ウォンじゃなくて、500万でも稼げたらそれでいいや」


その気持ちは本当によくわかる。読書を始める前まで、僕自身もそう考えていたからだ。いや、むしろ普通に生きるということすら不可能だと思っていた。当時、教師である従姉をもっともうらやんでいたことはすでにお話しした通りだ。盆や正月に家族で牛肉を食べるという話を聞くたびにこう思った。

「金持ちっていうのは、別世界にいる人間なんだな。我が家はこんな有り様なのに」

「ソウル市内の大学なんて、恵まれた人が行くところだよ」

「僕が月200万ウォン以上稼ぐ日は永遠に来ないだろう」

本当にそう信じていた。かつての僕のように人生の底辺で苦しんでいる人々は同じような心情だろうと思う。

しかし今、僕のキャラクターは完全に変わった。自分の手で変えてきたからだ。20代で読書を始めたことがそのきっかけだ。キャラを先に変えれば、すんなり変化が起こる。逆に、キャラを変える機会を逃すと、順理者として生き続けることになる。僕は本という形で訪れた幸運をぐっとつかんで離さなかった。その本は、敗北主義に染まりきった僕の頭に新たなソフトウェアをインストールしてくれる設置ガイドだった。僕は足元に敷かれた線路を目にして、絶望へと続く電車からついに降りることができたのだ。そして、自分だけのナビを使って人生の近道を探す旅に出た。何もかも、頭の中に新たなソフトをインストールしたおかげだった。

自意識の解体に成功したら、新たな自意識を作らなくてはならない。自発的なキャラ設定は人生のモチベーションを高めてくれる。自動車を走らせるにはガソリンが必要なのと同じように、人間にもキャラ設定という燃料が必要だ。これを自由自在に活用すれば、実に驚くべきことが起こる。僕は最近こんな目標を立てた。「僕はベストセラー作家になるんだ」「韓国で一番偉大で、長く読まれる本を書こう」。

2018年まで、僕のキャラクターは事業家だった。2019年にはYouTuber、2020年からは作家、それもベストセラー作家にキャラ設定を変えた。常識的な人がこんな目標を耳にしたら、一笑に付すに違いない。実際、身近な人に「僕は、韓国でもっとも偉大な自己啓発書を書くよ」と話したときは、鼻で笑われた。知人がそんなことを言い出したら、僕だってこう思ったことだろう。「世の中には賢い人がいっぱいいるのに……本を1冊も書いたことがない人がいきなりどうやってそんな本を書くっていうんだよ？　でも本人は真剣みたいだから、とりあえず相槌を打っておこう」。

もちろん、僕が実際にそうなれるかどうかはわからない。でも、他の人たちがそう思っているからといって、自分まで「僕にベストセラーなんか書けるわけがない」と決めつけてしまったら、その瞬間、ベストセラーどころか平凡な本すら出版できなくなる。そこであえて大きな目標を立てて、自分から周りに言いふらした。これは、自己啓発書によく出てくる「自分を信じれば、宇宙はあなたを助けてくれる」とか「ソウル大学を目標にすれば、延世大学や高麗大学には入れる」みたいな話ではない。そんな言葉をいくら聞いても、あなたに変化は起こらない。

お金を稼ごうと決心する瞬間は、人それぞれ異なる。

もともとお金稼ぎが好きでセンスがある人もまれにいるが、たいていの人はそこまでお金に興味がない。意外だ、って？　いや、そんなことはない。誰もがお金の話をする（あるいは、興味があってもないふりをする）が、実際にお金を稼ごうとはしない。お金稼ぎに関する〝行動〟を起こさないのだ。夢想家のように、大金を手にしたいという漠然とした〝夢〟を抱いているだけだ。しかし、ときどき何かをきっかけにして、本当にお金を稼ごうと決心をする人がいる。『ファストレーンのお金持ち』〔花泉社、2013年〕の著者M・J・デマルコは、ある日ランボルギーニに乗った若い発明家と出会う。歌手やスポーツ選手など、特別な人しか大金を稼げないとばかり思っていたが、平凡な人でもアイディア一つでお金持ちになれると気づき、キャラクターを変えてお金を稼ごうと決心する。

前述のように、僕の場合は偶然読んだ自己啓発書がきっかけだった。それまでは自分を劣等人間だと決めつけていたが（固定マインドセット）、読了後は「僕は特別な人間なんだ」という自己暗示をかけるようになった。優れた自己啓発書を数百冊読んだら、本当に自分も偉大な人になれそうだという気持ちが強まり、ネガティブ思考が消えていった（成長マインドセット）。

なぜなら、本の中には僕の境遇に負けず劣らず、厳しい環境からのし上がった人の話が無数に出てきたからだ。数百冊を読むなんて今思うと要領の悪いやり方だが、オタク気質の僕には最適の方法だった。とにかくこれをきっかけに、僕は生まれて初めて頭の中のソフトウェアを自分で変える経験をしたわけだ。

キャラクターの変化は、挫折、劣等感、生存の危機、モチベーションの発生、読書など、さまざまなきっかけで起こる。今この本を読んでいるあなたも「私は自分のキャラ設定をどんなふうに変えればいいんだろう？」と悩んでいるのではないだろうか。悩む必要はまったくない。この本を読んでいるだけでも、すでにキャラクターは変わっている。まだ本書を閉じずに僕の話を真剣に読んでくれているのなら、僕のみっともない過去のエピソードを読んで「こんな人でも本を読んで変われたなら、自分にもできるかもしれない」と少しでも思ったのなら、あなたの中の何かが変わりはじめているのだ。

そもそも僕は、『ファストレーンのお金持ち』という本を読むまで、「働かなくても自動的に収益が得られる仕組みを作ろう」という発想自体がなかった。お金は自分が一生懸命働くことによってのみ発生するものだと思っていた。だから、医師や弁護士のように、労働時間に対する利益を高めるしかないと考えた。

当時は復縁カウンセリングで時給にして約22万ウォンを稼いでいたから、1時間当たりの利益という概念になおさらこだわっていた。だが、『ファストレーンのお金持ち』『「週4時間」だけ働く。』〔ティモシー・フェリス著、青志社、2011年〕、『金持ち父さん 貧乏父さん』〔ロバート・キヨサキ著、筑摩書房、改訂版2013年〕などの本を読んで、自動収益化の概念に目覚めた。その後の事業は、自分がいなくても回るようにセッティングしていった。今では、出社しなくても毎月数億を稼ぐ経済的自由を達成している。

コスパを追求する僕たちの脳は、すべてのことに100%集中するわけではない。そこで、キャラ設定に応じて入力と出力のモードを変えていった。最近、僕は作家とアマチュアスポーツ選手というキャラクターを設定した。事業家というキャラクターを持ったときは、この世のすべてがビジネスに見えた。レストランに行けば、食事を楽しむのではなく、メニューやテーブル数、従業員数、客席回転率の計算に忙しかった。カフェに行けば、事業構造と純利益を分析した。しかし、作家とアマチュアスポーツ選手にキャラ設定を変えてからは、ビジネスの話を持ちかけられても気が乗らない（少し稼げるようになったせいもあると思う）。代わりに毎日スポーツ関連動画を視聴し、ゴルフとテニスをして、文章ばかり書いている。一昨年の僕と現在の僕を比べたら、半分ぐらいは別人だと言える。キャラ設定とは、人間の生活を根こそぎ変えるほど重要だ。

自分を変えるソフトウェアを設置する

僕の系列会社1社の代表者を務め、『悪人論』〔精神疾患を患いながらも心理カウンセラーとして成功した実業家による自己啓発書〕の著者でもあるソン・スヒョンと半月間のトルコ旅行をした。スヒョンは飛行機の搭乗を待つとき、料理が出てくる前、タクシーに乗っている時間など、暇さえあれば電子書籍を読んでいた。彼は学者や優等生タイプではない。遊ぶことが大好きな快楽主義者に属する。遊ぶときは思いきり遊び、その合間に本を読んで、事業に関するアイディアを僕に提案した。トルコでスヒョンは一日2冊ずつ本を読破した。それを見て、僕は読書に関するソフトウェアの一部を変化させようと決心した。もともと、僕はこんなふうに考えていた。

■「電子書籍にはない紙の質感がいい」という話を何度も耳にするうちに、僕も影響されて紙の本にこだわっていた。

■完全に集中できる環境で読書をしなければ意味がない。

■スマホで電子書籍を読んでもあまり身にならない。

■隙間時間に電子書籍を読んでも集中できない（そう言いながら、無駄にTikTokとインスタを眺めていた）。

自分で思考に制約をかけていた。しかもスマホで電子書籍を読むというのは、4年前に僕がスヒョンに勧めた方法なのだ。それなのに、あらゆる言い訳をして「本は完璧な環境で読まなきゃいけない」と自分に強制していた。僕はスヒョンを見て「僕のソフトウェア、キャラ設定を〝電子書籍を読む人〟に変えよう」と決心した。そして旅行中に一日1冊ずつスマホで電子書籍を読んだ。かつての僕だったら「僕には合わないな」「僕にはできないことだ」と考えただろうが、キャラクター理論を知っていたから、「僕は暇さえあれば電子書籍を読む人だ」というソフトウェアを新たに設置することができた。

人はよく「僕はＭＢＴＩがＩ型だから内向的なんだよね」「私って神経質でナーバスなの」「僕は球技に向いてない」「私はＡ型だから気が小さいんだ」と自分を枠の中に閉じ込めてし

まう。でも、キャラクターを変化させることによって、その枠を破らなくてはならない。自分の可能性に限界を設けるのは順理者たちの特徴だ。

キャラクターの変化がどれだけ重要なのかについては、十分にお話しした。しかし前述のように、奈落の底に落とされるような経験がなければ、キャラクターを変えるのは難しい。この本を読んで、突然「僕は明日からお金持ちとして生きよう」と決心しても何も起こらない。そこで重要なのは、キャラクターを変える〝環境〟を整えることだ。

2019年の4月頃、僕は人生がつまらなく思えてきた。当時の事業にはライバルもいなかったし、もっとうまくやりたいという向上心が湧かなかった。〈イサンハンマーケティング〉で手がける弁護士マーケティングが大当たりして、大金を稼いでいた。復縁カウンセリング業も安定していた。しかし、この状態に安住していたら、そこそこの人物で終わってしまいそうだった。僕は何か別のキャラクターを探さなくてはならないと思ったのだ。

僕が人間の自由意志や努力を信じる人だったとしたら、「これからもっとすごい事業家になるんだ！」と決心するだけで終わってしまい、実質的には何も変わらなかっただろう。毎日のｔｏｄｏリストを作っては破ったり、自分に合わないモーニングルーティンに挑戦してくたびれたりしていたかもしれない。そして、ちゃんと実行できない自分を責めていたことだろう。しかし、僕はこのときキャラクター理論を適用した。自由意志や努力を信じるのではなく、自分を強制的に「カッコいい事業家」へとキャラ変させる環境を作ることにした。それがYouTubeだった。

ある意味〝背水の陣〟だった。YouTubeで「希望を与えてくれる起業家」「年収10億ウォンの事業家」「一代で財を成した青年」と釣りタイトルをつけて、成功の秘訣を話してみたらどうだろう？　そうすれば、僕のキャラクターは、事業に成功したインフルエンサーに変わるだろうと思った。世間の人々は成功した事業家として僕の存在を知り、あちこちで僕の噂が飛び交うはずだ。経済的自由を得る秘訣を教えるために、僕自身も方法論をまとめ上げることになるだろう（それが本書だ）。

ここまで大風呂敷を広げておいて、僕がだらだらとなまけていたり、チャンネル登録者の期待を裏切ったりしたら？　僕は詐欺師と呼ばれ、恥さらしの嘘つきになるだろう。僕という人間はそんなふうに恥をかくのが死ぬほど嫌いだから、事業家として必死に生きるしかなくなるはずだと判断した。その過程で成功の公式をきちんと整理して、そのノウハウを人に教えるようになった。何かを学びたいとき、それを他人に教えることほど手っ取り早く実力を上げる方法はない。こうした好循環のループを構想しながら、よりよい攻略法を発見して、近道を探せるだろうと考えた。つまりYouTuberというキャラ設定を追加したのは、人気YouTuberになるためというよりは、ひとえに成長のための自己強制だった。

これが自分のキャラを変えるための、核となる秘訣だ。

すなわち、何かをもっとうまくやりたいと思ったときは、まず環境を作ればいい。動かざるを得ないようにセッティングをしておけば、自ら必死に生きるようになる。自由意志、努力、誠意といった聞こえがいいだけで中身のないものを信じるのではなく、自分を鍛えるトレーニング場を作って、自分を追い込むことがポイントだ。

キャラクターを変化させる環境を作ろう。例を挙げると、数千億ウォンの資産家になったキム・スンホ会長〔スノーフォックスグループ会長。アメリカでグローバル外食企業を成功させた実業家〕が常に強調している方法がある。それは、紙に「僕は○○になる」という決意を百回書いたり、これを家じゅうの壁に貼ったりするというものだ。

僕はつい一昨年まで「何だ、そりゃ」と疑っていた。でもたしかに、これもキャラクターを変化させる簡単な方法の一つだ。百回も真剣に願いを書くというのは、口で言うほど簡単なことではない。書くことによって、決意が無意識の中に深く刻み込まれるはずだ。無意識を変えない限り、何も成し遂げることはできない。

さて、あなたは気になっていることだろう。「ジャチョン、キャラ設定についての説明はもういいよ。早く具体的な方法を教えて！」。ここからは、意図的にキャラクターを変える方法をご紹介したい。

僕たちの脳はとても単純だ。ある世界観の中にいると、その世界がこの世のすべてだと認識する。同様に、ある集団に属していれば、そこでリスペクトされていることを価値あるものだと感じる。たとえばインチキ宗教にハマった人は、その団体で崇められている教祖をすごい人だと信じる。あるいはソウルの江南に住んでいると、〝成功〟だけがもっとも価値のあることだと錯覚する。僕は楊坪〔京畿道楊平郡。ソウルの東に位置〕にも家があるが、この地域の人々はお金にこだわらず、親切で余裕ある暮らしを楽しんでいる。海外の閑静な村を訪れると、ゆとりある人々を見て、「僕は何のために必死で生きてるんだろう」と反省することもある。

あなたが3日間ずっとホラー映画を観続けたとしよう。3日後、家から出たらどうなるか？どの家を見ても「あそこで殺人事件が起きているかもしれない」と想像してストレスを感じるはずだ。脳の認知回路が変化したのだ。同じように、キャラクターを変える方法は簡単だ。ある世界観に入り込めば、脳が自然に動き出す。

1．読書による間接催眠

キャラクターを変えるもっとも簡単な方法は、関連する本を読むことだ。「健康のプロになろう」と決心したなら、健康医学についての簡単な本を1週間で10冊ほど読破すればいい。脳は〝健康〟に集中するようになり、トイレに行ったときや、ぼんやりしているときに「健康になる方法」について考えるようになる。人と会ったり、友達の食習慣を見たりするたびに、健康という観点から世の中を解釈するようになる。「作家になろう」と決心したなら、ここ十数年の間に出た物書きになる方法についての本にすべて目を通す。著者が試行錯誤した経験談が書かれていれば、「自分にもできる」という気持ちが強まってくるはずだ。

お金を稼ぎたいときも同じように1週間に数冊の本を読めばいい。僕も20歳、人生最悪の状況で〝200冊の自己啓発書を読破〟して変わった。「ひょっとしたら僕も……？」と思えるようになり、キャラクターが変化したのだ。

読書が人生を変えたと言うと、「どんな本を読めばいいですか？」という質問が最初に出てくるが、多くの人が認めた本なら問題ない。ただし、最初は成功者のエピソードが書かれた本をおすすめしたい。一代で財を成した苦労人の本を20冊ほど読んでみよう。図書館や書店で30冊ぐらい選んでザッと目を通せば、読んでみたいなと思う本が3～4冊残る。そんなふうに始めればいい。脳は現実と想像をはっきり区別することができないため、成功物語を読むだけでも「自分にもできる」という気分が高まる。少なくとも、ネガティブな感情は確実に消える。

先にも触れたように、人間にはミラーニューロンというものがあり、他人の行動を見ただけで実際に自分が経験したような反応が脳に起こる。こうした点をうまく利用する方法が「いい自己啓発書を読む」ということだ。本の内容を手厳しく批判しようとするのではなく、ちょっと教えてもらおうかという軽い気持ちで心を開いて読むといい。その人の成功ストーリーに自分の心と人生を同化させること、それだけだ。

2．環境を設定する

環境設定は、前述のYouTubeチャンネル開設が代表的な例だ。すなわち、自分を窮地に追い込む方法だ。よく使う方法には、「宣言すること」がある。周囲の人々に「私は○○になるんだ！」と言って回ることだ。人間はとにかく評判に敏感な社会的動物だ。こんな状況を想像してほしい。海外に行って、見知らぬ人々の前で服を脱いで10分間歩き回ることができるだろうか。絶対にできないはずだ。大金がもらえるとか、その場にいた人々と二度と顔を合わせることはなく、法的に処罰される可能性がゼロだとしてもできないだろう。人間の遺伝子には、「いい評判を維持しなさい」という命令がくっきりと刻み込まれているからだ。

幼い頃にいじめに遭った人が深刻なトラウマを抱えたり、自殺まで考えたりするのもこの本能の影響だ。でも、これを逆に利用すれば、難しいことも成し遂げられるのではないだろうか。

たとえば僕がよくやっているのは、目標を宣言して、それを達成できなかった場合は罰金を払うという方法だ。実際、本書もバカンス先で2週間以内に仕上げると編集者に約束し、破ったら1千万ウォンをお支払いすると話してある状態だ。僕は自分がかなりのなまけ者で、目標を達成できない人間だということを認めている（自意識の解体）。これまでに本書の締切を11回も破った。こうでもしなければ、自分は絶対に原稿を書き上げられないとわかっている。

起業したときも、僕は自分を信じなかった。そこで、無理に引っ越しをして、わざと高い車を借りた。オフィスも月1千万ウォンの物件に移転し、合計2千万ウォンの家賃を払うことになった。こんなふうに生存が脅かされる状況を作らなければ、死ぬ気で働かないだろうとわかっていた。だから、自分を追い詰める環境を設定したのだ。

僕は自分を信じない。自由意志を信じない。人間は遺伝子と環境の組み合わせによって動く公式のようなものだと考えている。持って生まれた遺伝子はどうすることもできないから、環境を操作して目標達成を実現させるものだ。

3・集団無意識

数年前、僕はYouTuberを引退した。当時よく参加していたYouTuberの交流会では、動画の再生回数やチャンネル登録者数が多い人が権力を握っていた。YouTuberたちはこの世界観にすっかり染まっていて、多くの登録者を獲得することに全神経を注いでいた。そんな中、他の世界に生きる、つまりYouTubeを見ない人と話をして衝撃を受けた。

「あのYouTuberが炎上したことをどうして知らないんだ？」

「登録者が100万人もいることにどうして驚かないんだろう?」

僕はYouTubeの世界観に完全に染まっていたのだ。こんなふうに、人はある集団に属すると、そこで崇められているものに価値があると思い込む。予備校では大学入試合格が最高に価値あることだと感じ、頭脳活動のすべてが大学入試にフォーカスする。

有名な心理実験がある。被験者の前に5人の人物を座らせて、でたらめなことを答えさせる。たとえば、短い棒を見せて「長い」と答えさせる。その後、被験者が答える順番になると、長い棒を見て逆に「短い」と答えるようになる。人間がいかに社会的な動物であるかを示す実験だ。これまでにカルト宗教団体が起こした騒動のことを考えてみてほしい。その集団に長くいるだけでも、人は信じがたいことを信じ、できないことをするようになるのだ。

では、経済的自由を手にしたいなら? そう、経済的自由を望む人の集団に入ればいい。お金を稼ぎたいなら、お金への関心が高い人々の中に入らなくてはならない。オンラインのグループチャットでもいいし、社会人サークルでもいい。初めて参加したときは「この人たち、どうしてこんなにお金に執着しているんだろう?」と思うかもしれない。でも、続けて参加していれば自然と染まっていく。その世界の人に認められたい気持ちが次第に芽生えて、本を読み、投資物件の下見をして、株式チャートを分析し、トレンドをチェックするようになる。

見知らぬ人との交流について、「変な人がいたらどうしよう?」といった不安を抱く人もいるだろう。その可能性もなくはないが、これもまた本能的な恐れに過ぎない。本能に逆行しなくてはならない。新しい人と出会うことに過度な意味付けをする必要はない。キャラクターを変えたいなら、意図的に集団に参加すべきだ。本を書く作家になりたいなら、作家活動に関連した集団を探して参加しよう。もちろんレベルは千差万別だから、最初は試行錯誤するかもしれない。とにかく参加してみれば、優れた環境を選ぶ目が育つ。

あらためて強調するが、お金を稼ぐこと自体に意味があるとは思っていない。経済的自由を手にすれば大切な時間を節約でき、精神的自由を得る可能性が高まると考えているだけだ。

僕は昔から、哲学を学んで自分ならではの思想を作りたいと思っていた。生計を気にせず、やりたいことに集中するには、まずお金が必要だと思った。その考えは間違っていなかった。経済的自由を手にした今、こうして執筆に専念できている。「100年以上読み継がれる本を書きたい」という長年の夢に挑むことになった。

あなたがあらゆることから自由になりたいなら、先に経済的自由を手にしなくてはいけない。そのためには自意識を解体し、新たなキャラ設定をしなければならない。

そしてもう一つ、自分自身に対する幻想を徹底的に捨てる必要がある。次は、この幻想についての話だ。

「自由意志は存在しない」という信念について

僕は偉大な事業家でもなければ、学者でもない。だが、「底辺から成功者へ」という分野ではトップクラスに属している自信がある。自分が運よく自由を得られた理由を考えてみた。大きな理由の一つは、「自由意志への不信」だと思う。逆行者のメイン概念は「無意識と本能の支配から抜け出せば、自由を得られる」だが、これも「人間に自由意志などない」という信念から始まった。

僕は人の運命はある程度決まっていると考えている。これは、出会う相手や死ぬ日があらかじめ決められている、といった意味ではない。生まれ育った環境が作る人生から大きく外れることはなく、それに見合った生活を送って死ぬということだ。これが「運命に従う順理者の人生」だ。

人間に自由意志などないのかもしれないという思考は、僕を謙虚にさせた。僕たち人間は特別な存在ではなく、ひょっとすると他の動物と大きな違いはないのかもしれない、と思わせてくれた。何かを成し遂げようと決心したとき、そこに「１００％自分の意志で判断する私」は存在するのだろうか？　もしかしたら、遺伝子という生まれつきのプロセスによる反応を、自ら下した決定だと信じているだけなのではないだろうか？

僕は自分の年齢層で上位0・01％に入る収入を得ている。そして、100人以上の従業員のリーダーでもある。オフィスのテナント料だけで毎月3千万ウォン超を支払っている。自己啓発系YouTuberとしてもかなり有名だった。

そのため、仕事ぶりが完璧なのだろうと思われがちだが、実はとても未熟な人間だ。一緒に働いているスタッフはよく知っているが、しょっちゅう凡ミスをして、忘れ物をしたり、タブレットPCをなくしたりしている。仕事の納期を守れず、待ち合わせの時間にもよく遅れてしまう。僕は自分がまぬけで平凡な人間であることを認めている。だからこそ、自分がうまくやる方法を見つけ出す。決心や誓い、自負心などはまるで役に立たない。

心理学を学んで、僕が下した結論がある。人間は目標を立ててそれを達成できるような、賢い生き物ではないということだ。本当に特別な、ごく少数の人を除き、目標という抽象的な概念をしっかり脳にとどめておくことはできない。

人間の脳は、漠然とした未来よりも現在にフォーカスするように進化したためだ。本来、脳は歩いたり走ったり、狩りをして獲物を食べたり、パートナーを見つけて繁殖するために働く器官だ。現代社会に必要な、将来に備えた計画や投資、努力をするように作られてはいない。

だから僕たちは毎回ダイエットに失敗し、新年の抱負も三日で忘れてしまう。本能に打ち克つのは難しいのである。
人は実現したいことができるたびに無謀な目標を立てて失敗する。そして、失敗の原因を他人や環境のせいにして自意識を守る。これを死ぬまで繰り返す。自分がどんな存在であり、どんな過程を経て今に至ったのか、真実を見ようとはしない。ひたすら心の傷をなめている。

僕にはそもそも失うものがなかった。幸か不幸か、まさしく底辺にいたから、そこまで自意識が強くなかったようだ。ありのままの自分を比較的すんなりと受け入れることができた。だから、自分を信じる代わりに、目標を達成せざるを得ない環境をセッティングする。「2週間以内に原稿を書けなかったら1千万ウォン差し上げます」というふうに背水の陣を敷く。そのおかげで書き上げることができた（書き始めたのは、YouTubeを見て、電子コミックを読み、インスタに動画を投稿してコメントをチェックし、自分にすっかり幻滅した後だったわけだが）。

繰り返すが、僕は決定論〔世の中のあらゆる出来事は、あらかじめ決まっていると考える哲学的な立場〕を完全に信じているわけじゃない。自由意志がまったくないと言いたいわけでもない。ただ、こうしたアイディアが経済的自由を得るために大きく役立ったと伝えたいだけだ。

そしてもう一つ。決定論的な世界観を受け入れると、心が穏やかになる。

ときどき、スタッフから「ジャチョンさんが怒っているところを見たことがありません」と言われることがある。実際、やっかみから誰かに嫌がらせをされることがあっても、落ち着いているほうだ。必要であれば法的措置を取るが、心を乱されることはない。「あの人は知能の低さや劣等感、恵まれない環境、攻撃性のせいで、こんなことをしたんだ。そういう遺伝子のせいで、誤った意志決定をしてしまう。本当に残念なことだ。この先もずっと順理者として生きていくんだろうな」と考える。

人間は自由意志を持つ特別な存在のように見えるが、自我を持つ知能の高い動物に過ぎない。目標を達成できないことが多く、それでもいいんだと合理化する。意志の強い動物ではない。だから、この事実を受け入れて自意識を解体しなくてはいけない。

自意識の解体に失敗した人には、二面性がある。「人間は高潔な存在」だと言いながら社会運動に励む人が法律に違反し、姦淫を禁じる宗教家が性暴力事件を起こし、平等な社会を作ろうと訴える政治家が我が子を裏口入学させる。なぜなのか？　何もかも、自分が特別だと思っているせいだ。自意識が過剰になりすぎておかしくなっているのだ。

よくこんなことを言われる。「いつも目標を達成しますね」「有言実行ですね」。僕がすごいわけではない。人間の限界、自分の限界を認め、自分の意志を信じることなくキャラクターを再設定して、意図的に環境を作ることによって結果を生み出すのだ。僕はけっして自分を信じない。人間は特別ではないという信念が、他人より優れた成果を生む。だから僕は心理学が好きだ。心理学の本には、人間の愚かさ、単純さや二面性がわかりやすく書かれている。どんな本を読んだのかって？　巻末のブックリストを参考にしてほしい。

CHAPTER 4

逆行者3段階

遺伝子の誤作動を克服する

無知は
しばしば知識以上に
自信を生む

――チャールズ・ダーウィン
『人間の由来』

浪人して大学に入学した僕は、2年生のときに衝撃的な講義を聞いた。応用認知心理学という科目で、テーマはヒューリスティック〔経験や先入観から、直感で正解に近い答えを導き出す思考法。発見的手法〕だった。

当時は聞いているだけで頭が痛くなってくるほど難しかった。しかし、講義の内容をすべて理解する必要はなかった。「人間はどれぐらい愚かなのか」ということさえ学べば十分だった。内容が難しいうえに、英語で進行する講義だったから、受講生は10名ぐらいしかいなかった。僕はその十数名の中で一番ドキドキしていたと思う。

「これだ！　人間がエラーを起こすポイントを理解できれば、人生の勝者になれるぞ！」

僕はヒューリスティックの勉強と、『脳はあり合わせの材料から生まれた——それでもヒトの「アタマ」がうまく機能するわけ』〔原題『Kluge（クルージ）』ゲアリー・マーカス著〕という本を通して、人間がありえないミスをしてしまう理由を見つけ出した。

蛾を例に挙げてみよう。現代人は、蛾を愚かだと考えている。街灯の周りを飛び回ったあげく、ぶつかって死んでしまうからだ。なぜそうなるのか？　蛾は視力があまりよくないため、月明かりを頼りに飛ぶ習性がある。しかし、現代に入って電球が登場した。その結果、蛾は電球を月明かりと勘違いして近づき、死を迎える。生存に有利だったはずの遺伝子プログラムが、現代ではむしろ死を招いてしまうのである。

人間も同じだ。ほぼすべての判断において「先史時代は有利だった遺伝子プログラム」が発動し、長い目で見た人生をダメにしてしまう。ミスが発生する原因を見ていこう。

＊人生に役立たないとわかっていながら、SNSやYouTubeのショート動画など、刺激的なコンテンツを1時間も見て時間を無駄にする。

↓ドーパミン分泌がもたらす喜びと快楽は、先史時代は人間の生存に有利なものだった。しかし、現代のオンラインコンテンツはドーパミンを無意味に分泌させる。刺激的なコンテンツを見たとき、僕たちの脳は「食料を探している」「パートナーを探している」と錯覚する。快楽という報酬がもたらされるだけで、何の発展にもつながらない。そのうえ脳の損傷を引き起こして、知能の低下を招く。これが遺伝子の誤作動だ。

＊痩せれば素敵なパートナーに出会えると信じている女性が、ダイエット数日目に反動でドカ食いをして、余計に体重が増えてしまう。

↓先史時代の人間は、目の前にある食料をとにかく摂取して脂肪を蓄えようとした。蛾が街灯の光に飛び込むように、人間は目の前に食べ物があると食べずにはいられなくなる。現代社会では糖尿病や肥満を引き起こす誤作動でしかない。

＊「株価が急落しても、持ち直すまで落ち着いて待てば儲かる」と考えていたはずの人が、い

ざ持ち株が暴落するとパニック売りに走って大損する。

↓原始人は食料を失って死の危険にさらされると、心理的な苦痛を感じるように進化した。「何もかも失うかもしれないという恐怖」を感じると、人は生存本能を脅かされ、理性的な判断ができなくなる。株を売らないほうがいいとわかっていても、感情的な衝動によって行動し、財産を失ってしまう。

僕の周りには、100億ウォンを超える資産を持つ事業家が多い。ときどき「この人の器は、せいぜいこの程度か」と生意気なことを考えてしまうことがある。プライドが無駄に高くなり、謙虚な心を失っているときだ。遺伝子の誤作動に振り回されているのである。

先ほどご説明したヒューリスティックには「勝者の呪い」というものがある。人間は成功を繰り返すと過度な自信を持つようになるが、これは原始時代の部族社会で有益だった心理機能だ。現代社会において、勝者の呪いは大きな失敗を引き起こす。これも遺伝子の誤作動の一種だ。自信過剰になると、何年も成長が止まってしまう。

僕は12年前に遺伝子の誤作動概念を理解して以来、毎日1、2回は「これは遺伝子の誤作動なのか？」と自問しながら生きている。最近、僕が体験した遺伝子の誤作動をご紹介しよう。

■『逆行者』の増補版を出版したら、「まだ稼ぐつもりなのか？」と非難されるかもしれな

い。どうしよう？　ストレスを受けたくないから、やめておこうか？

↓人間はもともと、人前にさらされるとストレスを受けるようにプログラミングされている。学校で発表をするときもストレスを感じたじゃないか？「みんなの前で恥をかくことになったら評判が落ちるかもしれない」という恐怖心のせいで脳がストレスを感じるんだ。デラックス版の収益も全額寄付しようと思っているし、内容をアップグレードすれば読者はよりよい本を手にすることになる。遺伝子の誤作動に惑わされずに仕事をしよう。

■あのライバル会社のレベルは、うちの会社とは比べものにならないな。それに、あの会社は倫理的に問題があることをやっているという噂もある。やっぱり我が社が最高だ。

↓事業者カウンセリングをすると、誰もが「ライバル企業についての不平不満」を口にする。これは僕たちの脳に「ライバルは悪」という思い込みがあるからだろう。あの会社にもいいところが必ずあるはずだ。それを認めてライバル企業の分析を始めてみよう。

■3日間働かずに休んだせいで、ものすごく不安だ。今夜は仕事をしなくては。

↓適度な休息は、むしろ仕事の能率を高めてくれる。人間にはもともと「競争において後れを取ることを極端に恐れる」という遺伝子が組み込まれている。長い目で見れば、適度な休息とストレスコントロールをするのは重要なことだ。

■僕よりビッグなビジネスをしているあの人は、生まれつきお金持ちのお坊ちゃんだったんじゃないかな？　傲慢だし、一緒にいるとどうも居心地が悪い。会いたくないな。
↓勝利を繰り返すと、「勝者の呪い」にかかる。そして、自分がこの世界のリーダーにでもなったかのような錯覚に陥り、自分より優れた存在に対して拒絶反応を起こすようになってしまう。相手を避けるのではなく、ごはんに行こうと誘って、学ぶべき点を学ぼう。

次は、脳がなぜこんなエラーを起こすのか、その理由を見ていこう。

脳はどのように進化したのか

1・4キロの灰白質のかたまり。脳は、現代科学でも解明できていないミステリアスな存在だ。本来、脳は身体の動きを制御するために作られたと考えられている。ホヤは幼生のときはオタマジャクシのように海中を泳ぎまわるが、海底や岩場に固着して成体になると、自分の脳を食べてしまう。もう泳ぐことはないから、脳が必要なくなるのだ。

このように、脳はもともと運動を制御するための神経束だったが、人間の場合は想像を絶す

｜人間の脳の三層構造｜

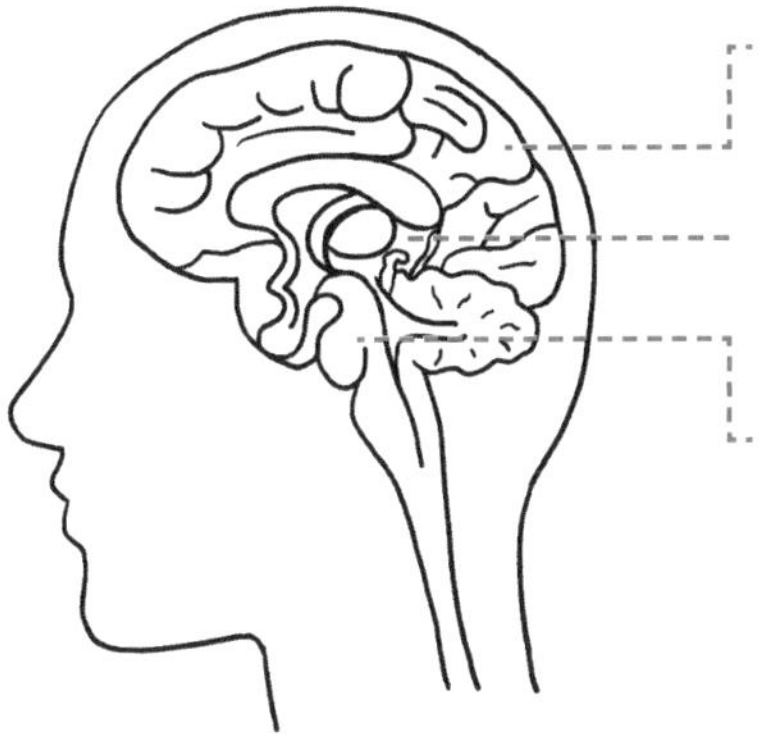

る能力を持つ汎用プログラムになった。身体エネルギーの20％を消費するスーパーコンピュータである脳のおかげで、人間は地球の支配者となった。これまでお話ししてきた事例は、すべて脳によって引き起こされている。

魚類、両生類、爬虫類、哺乳類を経て、霊長類がホモ・サピエンスへと進化したように、人間の脳も段階的に進化を遂げてきた。

1970年代、ポール・マクリーンという神経科学者は人間の脳の進化を3段階に区分し、これを「三位一体脳」と呼んだ（脳の三位一体論）。僕たちの頭の中には、哺乳類の脳、爬虫類の脳、人間の脳が入っていて、脳はこの3つの相互作用で働くという説だ。この三位一体論は、カール・セーガンの『エデンの恐竜』（秀潤社、1978年）によって一般に広く知られるようになった。

脳の一番奥に位置する爬虫類脳は、呼吸や循環、運動をつかさどる。基本的な生命活動を受け持っているため、理性の介入なしにすばやく反応する。目の前に長いものがにょろりと出てくるとギョッとしてしまうのは、爬虫類脳が「蛇だ。早く逃げて!」という命令を出すからだ。

真ん中に位置するのは、哺乳類脳だ。喜びや怒り、恐怖などの基本的な感情と、母性愛などの本能、学習と記憶の一部をつかさどる。学校や職場でいじめに遭うとつらいのは、この部分に警告灯がともるからだ。群れをなして社会生活をするために必要な脳である。

一番外側にある、もっとも新しい脳が人間脳だ。論理的で複雑な思考をつかさどり、「私は何者なのか」といった高度な思考をすることができる。しかし、内側にある脳に比べると多少反応が鈍く、うまく作動させるには集中する必要がある。

人間はこの三位一体脳によって、さまざまな状況に対処してきた。危険な動植物を避け、群れを作って危機を乗り越え、言語を使って文明を築き上げた。それなのになぜ、僕はこの脳がエラーを起こすと言ったのだろうか?

進化の目的は完璧の追求ではなく、生存だ

数年前、僕はYouTubeで5冊の本をおすすめした。もっとも反響が大きく、瞬く間に総合

ベストセラーになったのがゲアリー・マーカスの『脳はあり合わせの材料から生まれた――それでもヒトの「アタマ」がうまく機能するわけ』〔原題『クルージ』〕だ。当時この本は書店で売り切れ続出となり、「クルージ」という言葉をあちこちで耳にするようになった。クルージとは、いいかげんで場当たり的な解決策という意味だ。ゲアリー・マーカスは、進化は合理的な計画に基づいて起こったわけではないと指摘する。

進化とは、それまでの種が突然変異を起こした後、自然淘汰〔環境に適応した変異型を自然が選択するという説。進化の要因としてダーウィンが提唱〕を経て集団に広まるため（「偶然が提案し、自然が処分する」）、いかなる進化もゼロから発生することはない。つまり進化とは、以前のバージョンの上に新たに設置されたアップデートや修正プログラムのようなものなのである。

そのため常に古いバージョンを内蔵しており、これらをすべて消してコードを組み直すように一新することはできない。僕たちの身体に弱点が多いのもそのせいだ。体重を支えるには弱すぎる脊椎、盲点が生じざるを得ない目の構造、親知らず、盲腸など、人間の身体にはさまざまな設計ミスがある。

なぜなら進化の目的は完璧の追求ではなく、適応と生存だからだ。場当たり的な進化を重ねてきた僕たちの身体には数々の設計ミスがあるが、ゲアリー・マーカスはここからさらに一歩進んだ説を唱える。肉体だけではなく、脳も同様だというのだ。

生物も、生きて繁殖するのをほんの一瞬でも休むわけにはいかない。このため進化にとって、真に最適なシステムを構築するのがしばしば困難となる。技術者が発電所の稼働を停止できなかったように、進化もその営みを止めるわけにはいかない。こうして、古い技術の上に新しい技術を重ねた無様な作品が限りなく生まれた。一例を挙げれば、ヒトの中脳（訳注略）は古の遺物とも言える後脳（訳注略）の上に文字通り載っており、さらにこれら二つの脳の上に前脳（訳注略）が覆いかぶさっている。…（中略）…こうして、ゼロから始める代わりに、古いものの上に新しい系統を重ねる拙いやり方を、オールマンは「技術の漸進的な重複」と呼んだ。このようにして生み出されるものが、往々にしてクルージとなる。

ゲアリー・マーカス

『脳はあり合わせの材料から生まれた――それでもヒトの「アタマ」がうまく機能するわけ』

遺伝子の誤作動に打ち克つ、逆行者の考え方

クルージを意識するようになると、人生はどんなふうに変わるのだろうか。数年前、YouTubeブームが巻き起こり、「僕もYouTuberになるぞ」という人が急増したが、実際に始

めた人は100人中、3人いるかいないかだ。

人間はなぜ決心ばかりして実行できないのか？　それは、人間が新たな挑戦を避けるように進化してきたからだ。もし原始時代の人が新しいことに挑戦しようとしてジャングルの奥地に入ったりトラに飛びかかったりしたら、大ケガをするか死んでしまったことだろう。無謀な挑戦などせずに、隠れて待っていたほうが生き残れる確率は高い。おとぎ話とは違って、勇者はお姫様と結ばれるどころか、DNAを後世に残すことすら難しくなる。現在生きている僕たちは、したたかな臆病者の子孫なのだ。

この用心深い遺伝子は生存に欠かせないものだったが、現代においては劣等なもの、すなわちクルージとして残った。昔は挑戦が命を脅かしていたが、今はそうではない。YouTubeやブログ、新たなプラットフォームに挑戦して失敗したとしても、死ぬことはない。それにもかかわらず、僕たちの臆病なクルージとなまけ者の脳は「そんな無駄なことはしないで、ポテチでも食べなよ」と命令を下す。

ただし、今日の社会で何もせずにいれば、自由を奪われてしまう。自分の人生をコントロールできず、お金と時間に縛られて生きていくしかない。挑戦と革新が優先事項となった今、臆病なクルージは自己啓発をはばむ大きな障害物になる。人間を貧しく生きる順理者にしてしまう、致命的なウイルスだ。

もう一つ、人間に莫大な被害を与えるクルージウイルスに「疎外感」がある。原始時代の人々にとって、100人規模の集落で仲間はずれにされるということは、すなわち死を意味した。食べられるキノコを教えてくれる人や、一緒に狩りをしてくれる人がいなければ、生きる道が閉ざされる。古代社会に「追放刑」があったのもそのためだ。生き延びるため、人間は社会生活に最適化された形に進化した。自分の評判に敏感に反応し、他人の噂に興味を示す。騒がしいパーティ会場でも、自分のことを話題にする声は自然と耳に入ってくる。誰かと親しくなりたければ、一緒に誰かの悪口を言えばいい。人間は社会的動物なのだ。

クルージウイルスの中でもっとも一般的なものは、認知的バイアス、つまり思い込みだ。先史時代の人々は暗闇で大きな生物に出くわすと、すばやく逃げるように進化した。ただの岩かもしれないが、猛獣だった場合は取り返しのつかないことになるからだ。後から危険がないことがわかるとしても、まずは逃げるのが得策だった。蛇らしきものを見たら驚き、足の多い毒虫を気味悪がって、苦みや妙なニオイがするものを食べたときは吐くということも、昔は人類の生存に大きく役立っていたはずだ。

しかし、現在もそうなのだろうか？　全体像ではなく、一部を見ただけで判断する当てずっぽうは、ときとして大きな損害を招く。若い頃に何度もフラれたからといって、女はみんなワガママだと決めつけるのは愚かなことだ。マーケティング会社に一度騙されたことがあるという理由でオンラインマーケティングをしない企業はどうなるか？　十中八九、倒産するだろう。僕の周りにも「あぁ、それね」と知ったかぶりをするだけで、何の挑戦もしない人々が大勢いる。もちろん彼らは、着々と順理者の人生を生きている。

この思い込みクルージは、実に多くの場面に登場する。重要な決定をしたり、高い買い物をしたりするときは、1〜2個の理由だけで判断していないかどうかを確認したほうがいい。

僕は最近、田舎に家を買うためにいくつかの物件を内見した。僕の脳は「悩んでないで早く決めよう。これだけ見たらもう十分だよ。どれも似たり寄ったりじゃないか！」という命令を下しはじめた。4軒ほどまわったら疲れてきて、他の物件を見るのが面倒になってきたのだ。僕はそれをクルージが作り出した感情だと判断した。クルージはお菓子を1個買うときでも家を1軒買うときでも、同じように作動するからだ。

僕は頭の中でクルージワクチンを製造した。「人生の重要な決断だ。うっかりおかしな物件を買ったら、売ることもできなくて何年も大金を回収できなくなる。そうなったときのつらさを想像してみよう。そうすれば、もっと物件を見ようと思えるはずだ」

遺伝子の誤作動を疑う習慣のおかげで、勢いだけで契約して後悔するという失敗をせずに済んだ。クルージが作り出す思い込みは身近にあふれているせいで、なかなか自覚しにくい。次の質問に答えてみてほしい。

■命にかかわる病気で、大手術を受けることになったとする。2つのうち、あなたが怖いと感じるのはどちらだろうか？

①この手術の生存率は80％です。術後の患者は、今も元気に暮らしています。

②これまでに100名がこの手術を受け、そのうち20名は術後7日以内に死亡しました。

①と②の内容は、実は同じだ。ところが、人は②のほうがはるかに怖いと感じる。この感情ヒューリスティック〔感情に惑わされて、非合理的な判断をすること〕は、僕が運営するマーケティング会社でもっともよく使うテクニックの一つだ。相手の感情を刺激するフレーズを使うのと、抽象的な言葉を使うのとでは、成果がまったく異なる。YouTubeチャンネルを開設したとき、すんなり成功できたのも、人間のヒューリスティックを利用したからだ。

■YouTubeのサムネイルが2つある。視聴したいのはどちらだろうか？

①人生を変えた5冊の本

②貧乏オタクを年収10億ウォンに導いた5冊の本

人間の脳は、抽象的な言葉を嫌う。だから、相手を動かしたいなら具体的な状況で感情を刺激しなければならない。逆に、何かを決定するときは、こうした感情ヒューリスティックに陥っていないかどうかを確認することが重要だ。

ヒューリスティック、遺伝子の誤作動をどんなふうに活用すればいいのか、って？　つかみどころがなくて難しそうだと感じているはずだ。無理もない。最初は完璧に理解しようとせずに、「へぇ、こういうものがあるんだな」と読み流すだけでいい。そして、もう一度『逆行者』を読み返して復習してみよう。すると不思議なことに、だんだん「この人の感情は遺伝子の誤作動なのか？」「今、僕の心は誤作動を起こしているのだろうか？」と自問するクセがついてくる。今、正確に理解できなくても心配することはない。一度読んでおくだけで十分だ。

最後に、3つの質問をする。自分が遺伝子の誤作動を起こしていないかどうか、チェックしてみてほしい。

質問1　他人を気にして〝判断ミス〟をしていないだろうか？

評判誤作動

原始時代の人々は小さな部族社会で暮らしていたため、周囲からの評判が何より重要だった。評判が悪くなれば生存と繁殖に不利になり、絶望的な状況に置かれる。だから、僕たちの遺伝子は、評判を落とすことを強く恐れるように進化してきた。一人で食事をするのが恥ずかしい？　遺伝子の誤作動に過ぎない。周りの人々と違う道を歩むことが恥ずかしい？　これも遺伝子の誤作動に過ぎない。大企業を辞めて夢を叶えられる小さな会社に転職したいけど、名刺が変わるのが不安？　遺伝子の誤作動だ。他人の目が気になるのは、「集団内でいい評判を維持せよ」という遺伝子プログラムが作動しただけのこと。本能に逆行しよう。

質問2　新しいことを学ぶのを恐れていないだろうか？

新しい経験に対する誤作動

「自分には必要ないことだから」と言いつつ、本当は不慣れなことを始めるのを本能的に恐れているのかもしれない。あなたは必死に学習を避けて、合理化に走っているのではないだろうか？　現在の人生に満足している場合、人間の頭脳はこれまで維持してきた習慣を守ろうとする傾向がある。脳のカロリー消費を抑えるために進化したのだ。そのせいで、新しいことへの挑戦に抵抗を感じるという本能が存在する。でも、何も学ぼうとせずに「私はこのままがいい」と言い続けて生きたとしたら？　お金と時間の束縛から一生抜け出すことはできないだろう。新しいことを学ぼうとしたときに抵抗を感じたら、「これは、単なる遺伝子の誤作動なんだ！」と自分に気合いを入れて、我が道を進むべきだ。逆行者にならなくてはならない。

質問3　損をすることに過敏になりすぎていないだろうか？

損失回避バイアス

人間は自分が得をすることより〝損をすること〟にとても敏感に反応するように進化した。月収1億ウォンだった人が1億1千万ウォンを稼げるようになってもうれしくない。でも、月収9千万ウォンに下がると、「毎月1千万ウォンずつ損している」と脳が危機信号を送る。そして、ストレスに苦しめられるのだ。先史時代、損失は生存を脅かす深刻な危機だった。現代の僕たちは年収5千万ウォンが4千万ウォンに下がったとしても死ぬことはないし、人生が終わるわけでもない。事業家の中には、こんな基礎的な計算すらできない人がいる。アルバイトの人件費を20％アップすれば、優秀な人材が集まって長期的には得になる。しかし、低レベルな事業家は「20％も上げたら50万ウォンの損失が出る」と考えるせいで会社を大きくすることができず、やがては潰してしまう。サラリーマンの場合、退職して自己実現ができるチャンスが訪れても「年収が1千万ウォン減ったら」という不安のせいで何の成長もできず、不満を言いつつ今の会社に勤め続ける。いくばくかのお金を気にして怖くなるのは、遺伝子が誤作動を起こしただけに過ぎない。

他にも、遺伝子の誤作動は数えきれないほどある。

もっと知りたいという人には、僕が影響を受けた『脳はあり合わせの材料から生まれた――それでもヒトの「アタマ」がうまく機能するわけ』、リチャード・セイラー＋キャス・サンスティーン著『実践　行動経済学』、ダニエル・カーネマン『ファスト＆スロー　あなたの意思はどのように決まるか？』などの本をおすすめしたい。軽く勉強したいというなら、ネットで「ヒューリスティック」を検索して読むだけでも十分だ。

誤作動を克服して30億ウォンを手にする

遺伝子の誤作動を克服する方法をお伝えするために、僕の経験談をお話ししたい。２０１９年４月、僕は半年前からYouTuberになることをためらっていた。「撮影機材がない」「誹謗中傷されるかもしれない」「すでに飽和状態の市場だ」など、数百種類の理由をつけて先延ばしにしていた。今さら遅すぎる、と投げ出す寸前だった。僕はこのとき「遺伝子の誤作動」概念を使った。

「僕がこんなふうに迷うのは、遺伝子の誤作動のせいだ。人間は新しいことを実行するのを迷うように進化した。僕の遺伝子はYouTubeを始めることを阻止しようとして、あれこれとネガティブな想像をさせているんだ。今さら遅いと思ってしまうのも、遺伝子の誤作動に過ぎない。YouTubeを始めようとしている人は、みんな僕と同じようなネガティブな想像にさいなまれているはずだ。今始めたって、１００人中90番目ぐらいにしかなれないという思い込みは捨てよう。人間はみんな心理的なエラーに悩まされる。１００人中１番目で始めた人は、生まれつき実行力が高かったんだろう。もし僕が今からでもYouTubeを始めたら、100人中2番目でスタートを切ることができる。絶対に出遅れてなんかいない。みんなが遺伝子の誤作動に陥っている今がチャンスだ」

遺伝子の誤作動を乗り越えてYouTubeを始めた。ところが、また僕の自意識を傷つける問題が発生した。初心者YouTuberなら誰しも体験することだが、動画を5本アップしても登録者数は100人にも満たなかったのだ。1カ月間の努力が無駄になったような気がした。こんな状況の中で、僕の心はこう言った。

「別に、本気でYouTubeをやってたわけじゃないし。経験としてやってみただけだから。もうやめよう」

だが、この命令も遺伝子の誤作動に過ぎないと考えた。

「初心者YouTuberは、みんなこうしたジレンマに陥るはずだ。最初からうまくやれる人なんていない。自分の実力不足を認めて、人気YouTuberのサムネイルと冒頭の10秒を分析してみよう。ここであきらめずに続けたら、他の初心者YouTuberが脱落していく間に、僕は前に進むことができる」

自意識を解体し、遺伝子の誤作動を克服した。その結果、次にアップした動画がバズって、登録者数10万人のYouTuberとなる足がかりを築くことに成功した。そして、名の知れた「自己啓発系YouTuber」の一人になった。そのおかげで人脈が大きく広がった。経済的自由に関心を持つ20代に存在を知ってもらったことで、優秀な人材が集まった〈イサンハンマーケティング〉は国内最高のマーケティング会社に成長した。

さらに、『逆行者』が全国の大手書店で総合ランキング1位を獲得し、40万部も売れて〝ベストセラー作家〟に躍り出た。遺伝子の誤作動を克服してYouTubeという新たなプラットフォームに挑戦したことによって、一世一代のチャンスをつかむことができたわけだ。

CHAPTER 5

脳を自動化する

逆行者4段階

良書を読むことは、数百年前に生きたもっとも素晴らしい人と会話するようなものだ

——ルネ・デカルト

「1千億ウォンが欲しいかい？　それとも、脳を自動化したいかい？」

もしも悪魔がこんなふうにささやいたら、僕は1秒も迷うことなく後者を選ぶだろう。「脳の自動化」に成功すれば、お金は自動的に貯まるし、幸せになることができるのだから、わざわざ1千億を選ぶ必要はない。1千億ウォンより、このチャプターで解説する「脳の最適化」と「脳の自動化」のほうがはるかに重要だ。

「脳の最適化」とは、読書や、文章を書くことによって脳の筋肉を育てることを意味する。頭脳を一度最適化すれば、一生にわたって知能が発達していく。これを「脳の自動化」と言う。複利〔元本についた利子に、さらに利子がつくこと〕的に知能が伸びるようになり、時が経つにつれて、雪だるま式に知能が高まっていくのだ。脳が最適化されると、あえて勉強したり何かを考えようとしたりしなくても脳が自動的に働き、自然と頭を使うようになる。人生を楽に生きられるようになる。このセッティングを済ませた人と、そうでない人の10年後は雲泥の差がある。

脳の自動化について理解してもらうために、「囲碁を打つ囚人」の例を挙げてみたい。罪を犯して、刑務所に収容された囚人がいた。居室にはテレビがあり、いつもつまらない囲碁番組が流れている。興味のなかった囚人は1年間、番組を無視して生きていた。そんなある日、囚人は外部から来た講師に1カ月間マンツーマンで囲碁を教わることになった。実力アップのために、他の房の囚人と対局することもある。囚人の頭は、囲碁への興味と知識で満たされた。その後、彼は毎日、囲碁番組を見ながら実力をつけていった。1～2年後にはさらに実力がアップするだろう。囚人は刑務所の中でも囲碁の実力と理解を高めていくのである。

知能が伸びる人とそうでない人は、言うなれば「囲碁番組を無視し続ける囚人」と「自ら囲碁の実力を上げていく囚人」だ。かつての僕は、流れに身を任せて生きていた。ごはんどきになると食事をし、腹が立ったら怒り、ゲームが目の前にあればゲームをするだけだった。未来がなく、知能は低かった。20歳の頃の僕の社会的地位は100人中ビリのレベルだった。

しかしある日、本を読み始めた。その中で、世の中を解釈する能力が生まれた。背景知識〔ある知識を理解するための土台となる知識〕が身についたおかげで、生きているだけで世の中の法則が見えてくるようになった。

囲碁を学んだ囚人のように、僕は毎日が新鮮で楽しい。書店に行くと、売れる本の法則が見える。売上1位の本を作る方法が自動的に構想される。YouTubeを見れば、人気コンテンツの法則が見える。これを取り入れて、僕はYouTubeで再生回数50万を獲得する動画を作る。外食をしたときも、その店が流行っている理由、あるいは流行らない理由が自然にわかる。最初は囲碁番組を無視していた囚人が、刑務所の中とはいえ、毎日テレビを見ながら楽しく過ごせるようになったのと同じだ。

僕は脳を最適化した瞬間から、世の中に接するだけで自然と知識が増えていくようになった。頭の回転が速くなった。じっとしていても頭の回転と知識が向上する状態、それがまさに「脳の自動化」だ。無理しているわけではなく、また難しさを感じるわけでもない。

頭の回転が遅いと、何が起こるのか？　自意識の解体、遺伝子の誤作動などの概念をうまく理解できない。そのうえ、お金を稼ぐ知識に触れても、これを応用することができない。頭がまわらないのだ。結局、頭が悪ければ逆行者にはなれない。知能のレベルは生まれつき決まっているからしょうがない、って？　あなたはそう信じているかもしれないが、この常識は完全に間違っている。頭脳は簡単に開発できる。知能はいくらでも高めることができる。あなたの脳は逆行者4段階「脳の自動化」によって、一段とアップグレードされることだろう。自信を持って言える。僕がそうだったからだ。

20歳の頃、無宗教の僕は友達に誘われて教会に行き、普通の人とは違うポイントでショックを受けた。教会に通う人々がみんな読んでいる『聖書』を、いくら読んでも理解できなかったのだ。修能試験でもそうだった。他の科目の成績が上がっても、国語がボトルネックだった。試験はいつも時間が足りなくなり、3年間努力したわりにはひどい成績だった。

読解力だけではない。若い頃、僕はあらゆる意思決定に失敗して、いつもうろたえていた。20代前半は、ほぼすべての目論見が外れた。20代半ばからは計画の半分が失敗した。しかし、歳をとるにつれて失敗の頻度は減り、31歳以降は大きな失敗をしなくなった。最近は、判断を間違えたと感じることはほぼない。もちろん、いつかまた失敗することもあるとは思うが、若い頃に比べると正しい判断をする精度は驚くほど上がっている。

信頼性の高い検査ではないが、20歳頃は109ぐらいだったIQが、29歳のときは125になった。34歳で測定したときは136まで上がっていた。IQは偏差値のように、同じ年齢群の平均値と標準偏差によって算出されるため、通常は急激に変わることはない。だからこの数値は、テストへの集中度の差でもある。確実なのは、頭脳の回転が十数年前より格段に速くなったということだ。昔の僕は、情報の飲み込みが遅かった。決定も遅く、計算も遅かった。他人から「バカなやつだな」という目で見られたり、自分で自分を「頭がよくなくても大丈夫」となぐさめたりしていた。しかし、脳の最適化を経た今は、どんな新しい情報に接しても、人よりずっと早く処理できる。素晴らしいアイディアがしょっちゅう頭に浮かんでくる。もう昔の自分には戻れないほど、僕の中の何かが大きく変わった。

脳を複利的に成長させるには

昔の科学者たちは、人の知能は遺伝子によってほぼ決まっていて、大人になってからどれだけ勉強しても発達することはないと信じていた。幼い頃、「脳細胞はどんどん死んでいくだけで、新しく生まれることはない」と聞いたことがある人もいるのではないだろうか。

しかし近年、神経可塑性理論が登場し、頭を使えば、人間の脳は新たに神経細胞を作り出すという主張がなされた。この理論に基づけば、使えば使うほど、頭はよくなっていくのだ。

ノーマン・ドイジ博士の『脳は奇跡を起こす』〔講談社インターナショナル、2008年〕には数々の事例が紹介されている。空間認識能力が低い人、自閉症スペクトラム、ポルノ依存症、強迫神経症、視覚障害など、さまざまな人がドラマティックに脳の変化を遂げ、新しい人生を歩みはじめる。また、ロンドンのタクシードライバーの脳をスキャンした結果、一般の人々よりもはるかに海馬〔記憶や空間学習能力を受け持つ脳の器官〕が大きいことが確認された。ロンドン市内にある、2万5千本以上の道路と広場を覚えているからだ。脳にはものすごい潜在能力がある。学習によってIQが高まるだけでなく、イメージトレーニングだけで筋肉を鍛えることもできる。「僕はもともと頭が悪いからダメだ」なんて言っていられないわけだ。


僕がご説明したいのは、「脳の複利」の概念だ。複利の力は大きく、10億ウォンを毎年20%ずつ増やした場合、20年後には383億ウォンを超える大金になる。投資の達人であるウォーレン・バフェットは、1965~2014年まで年平均21・6%の収益を上げ、これが複利で累積して182万%もの累積収益率を記録した。

複利の概念がピンとこないなら、ゾンビを例に考えてみよう。隣国と戦争が起こった。我が国にゾンビが1体いるとする。このゾンビを敵国の陣営に送ったらどうなるだろうか。ゾンビが敵国の1人の軍人に噛みつく。たちまちゾンビは2体に増える。そのゾンビたちがそれぞれ1人ずつ軍人に噛みつくと、ゾンビは4体になる。そして8体、16体、32体……。敵国の軍人がどんどんゾンビに変わっていく。ゾンビが半数を超えたら、次のステップでは残りの半数が一瞬にしてゾンビになる。複利はこのように幾何級数的な増加をもたらす。最初は元金のみで利子（ゾンビ）を生むが、2回目以降はその利子も利子を生むからだ。

かつて、僕が破格的な成長を遂げることができたのは、この複利効果のおかげだった。たとえば、もともとの知識が100程度だったとしよう。そして、1カ月に本を1冊読むと、知識が1％アップすると仮定する。こうして1年に12冊本を読んだとしたら、10年後の知識の量はどれぐらいになるだろうか？　なんと330、つまり3・3倍に増える。1カ月にたった1冊読んだだけなのに！　当時、僕は1年強の間に数百冊の本を読んだ。もちろん全冊を精読したわけではないし、中には良書とは言いがたい本も多かったが、重要なのは、頭の中に新たに入ってきた知識がゾンビとなって次の知識を伝染させ（吸収して）、また次の知識と結びついて伝染させるステップが、途方もないスピードで進行していったことだ。いつの間にか複利で増えた知識のおかげで、大学受験から7年も経っていたのに、国語で満点をとることができた。

このように、知識は複利で増えていく。周囲を見渡してみれば、すぐにわかる。あまり読書をしない人は、1年に1冊も本を読まない（実際ほとんどの人がそうだ）。こんな人たちは本だけでなく新聞を読むのにも苦労して、ネット上で文章を読んでも内容を正しく理解できず、見当違いな解釈をして腹を立てる。話が通じなくてイライラする。しかし、ふだんから本をよく読んでいる人は、どんな本でも読みこなし、その他の文章も正確に理解する。だから、いつだって貴重な情報を入手できる。この2つの部類の人々には、ほぼすべての面で違いが生じる。語彙力や理解のスピードはもちろん、何と言っても、新しい知識を受け入れる姿勢と、浸透する深さが違う。地道な読書で鍛練を重ねてきた人は、新常識も古くからの教えもすばやく吸収する。あるドキュメンタリー番組に出ていた教授が「恐ろしいことに、読書量の差は、経済的格差以上に人生を二極化する」と言った。

読書による二極化も複利で広がっていくため、1歳でも若いうちに読書を始めなくてはならない。若い頃に何の投資もせず、60歳になってから複利の金融商品を運用しても、たいした成果は出せない。ウォーレン・バフェットが人生で後悔していることの一つに、11歳まで株を始めなかったことを挙げたという事実は、「早く始めること」の重要性を教えてくれる。僕も中高生の頃にゲームばかりしていたことがひどく悔やまれる。あと10年、いや5年でも早く読書を始めていたら、今とは比べものにならないような成功を収めることができただろうから。

「良書を読むことは、数百年前に生きたもっとも素晴らしい人と会話するようなものだ」

本当にその通りだ。たとえば、一人でもがいているとき、優秀な先輩のちょっとした言葉で頭がクリアになり、パッと目の前が開けることがある。本とは、優秀な先輩レベルではなく、当代最高の知識人と専門家が生涯学んできたことが凝縮されたものだ。本当にいい本を選んで最大限に吸収できたら、著者が数十年かけて習得した知識と真理をタダで得るも同然だ。

20歳から脳の複利貯金を始めた人が30歳になると、何も考えずに生きてきた同い年の人々とは次元の違う人間になる。ここからは読解力が上がり、他の人々よりも早く知識を吸収して、再解釈できるようになる。そのうえ、もう読書をしなくても自動的に知識が増えていく。背景知識があるので、映画を観ただけでも既存の知識が発揮されて、新たな思考が生まれる。ビジネス関連書籍をたくさん読んだ人なら、ラーメン屋に行っただけでメニュー構成、インテリア、スタッフ教育のレベル、店の純利益が自然と浮かんでくるだろう。その人にとっては、毎日利用する数十カ所の企業や店舗がケーススタディになる。

遊んでいるときや休んでいるときも、頭を悩ます問題が自動的に解決する。突飛なアイディアを生み出し、一日で1年分の年収を稼ぎ出す。生きているだけで、知識が複利で増えるのだ。一方、脳の複利貯金をしていない人は、何も発見できない。ひと足遅く気づいたとしても、早く始めた人との差を埋めることはできない。みんなも走り続けているからだ。

脳の最適化1段階 22戦略

遅い年齢で大学に入学した僕は、同じ哲学科の同期から「どうして英語の勉強をしないのか」「どうして就活の準備をしないのか」とよく聞かれた。それもそのはず、僕は1年生から2年生の冬まで、ひたすら読書と文章を書くことに熱中していたからだ。

とはいえ、多くの時間を割いたわけではなく、一日平均1~2時間だった。大学に入る前、自叙伝と自己啓発書、心理学書など、数百冊の本を読んで「読書と書き物が成功に向かう最短の近道」という結論に至った。最悪の条件から最高の人生を作った人々の共通項でもあった。

加えて、僕は詩のサークルと討論のサークルに入って熱心に活動した。詩はクリエイティビティを育ててくれ、討論は騒音にかき消された思考の信号を探す方法だと考えた。身近な人たちは、読書と書き物を時間の無駄だと言った。そうであろうとなかろうと、僕は毎日本を読み、文章を書いた。残りの時間は遊んでいた。実は、僕も不安だった。「本当にこれでいいのか？　僕を大切に思ってくれている人たちがあそこまで言うのには理由があるんじゃないだろうか」とも思った。でも、たしかな信念があった。

「大学在学中は読書と書き物、この2つだけに集中しよう。多読、多筆、多考で基礎さえ固めておけば、これから何をやるとしても他の人々よりずっと先を行くことができるはずだ」

それから十数年が過ぎた。僕は誰より自由になり、同年代の中で誰よりも多くのお金を稼いでいる。そして何より、幸せだ。僕が人生において一番いい決断だったと思うのは、「22戦略」を実践したことだ。アルベルト・アインシュタイン、マーク・トウェイン、フリーダ・カーロ、レオナルド・ダ・ヴィンチといった天才たちは、文章を書くことを楽しんだ。世に名を残した作家、哲学者、実業家の多くは文章がうまい。彼らが天才と評価される理由は、文才があるからではなく、長年文章を書いて脳が発達し、いっそう優秀な頭脳を持つようになったからだと思う。理由と結果が逆なのだ。

身体のコアマッスルを鍛えている人たちは、どんなスポーツでもうまくやれる。彼らは新しいスポーツに挑戦するとき、一般の人々より10倍以上早く技術を習得して、驚くべきパフォーマンスを見せてくれる。これと同じように、脳のコアを鍛えておけば、どんなことでもうまくやれる。僕はさまざまな業種のビジネスを成功させ、YouTube、ブログマーケティング、本の執筆など、どんなことをやっても成果を出すことができた。その秘訣は、「脳のコア」を鍛えたからだと確信している。

筋肉を鍛えるように、頭脳も鍛えることができる。しかし、多くの人々が筋トレに失敗し、頭脳を鍛えるトレーニングにも挫折してしまう。比較してみると、この2つは非常によく似ている。まず、筋肉を鍛える方法はとても簡単だ。

①ベンチプレスなどで8回で限界がくる程度の重量を選び、「8回挙上して2分休憩」を3セット繰り返す。

②タンパク質を摂取する。

③48～72時間休む。

これをしっかり続けるだけで上位10％に入ることができる。

ところが、90％以上の人がボディメイクに失敗する。なぜかって？　この簡単なルールを守らないせいだ。あるいは、非効率的な方法で毎日何時間も運動して、三日坊主になってしまう。僕は1週間に一度、10～20分しか筋トレをしない。それでも、誰かに会うたびに「いい身体ですね。鍛えていらっしゃるんですね」と言われる。これは経済的自由を得るステップにとてもよく似ている。非効率的な方法で経済的自由を手にしようとして、結局投げ出してしまう人が多い。あるいは、自意識のせいで自己流のやり方にこだわって、目的を達成できない。

筋トレに挫折する原因をまとめると、次のようになる。

1．きちんと栄養を摂取していない。

2．毎日1～2時間も無理なトレーニングをして、つらくてやめてしまう（3セットで十分な運動を10～20セットもやっている）。

3．筋肉を休める時間が重要なのに、これを守らない。
4．プロのボディビルダーしかやらないようなトレーニング方法を真似する。
5．どんなトレーニング方法が効率的なのかがわかっていない。

同じく、経済的自由の獲得に失敗する原因をまとめてみる。

1．自意識に従って生きる。
2．誰かが成功したという方法をそっくりそのまま真似する（3時間睡眠、朝活、ありえないほどの努力など）。
3．脳の最適化をおろそかにする。あるいは、無視する。
4．「心から信じていれば、宇宙が助けてくれる」といった自己催眠術にばかり頼って、効果的な実践をしない。
5．読書に正解があること、本こそが攻略法であるということを知らない。

「22戦略」は、脳を最適化するためにベストな方法だ。

筋肉ムキムキな人は、どうやってその身体を作ったのだろうか？　彼らは、1週間に数回の筋トレを数年にわたって続ける。その結果、立派な筋肉をつけることができた。筋肉を育てるには〝コツコツと筋肉を刺激〟し続けなければならない。同様に、脳の筋肉を刺激し続ければ、成長することができる。筋肉を育てるにはダンベルを挙げればいい。脳を成長させるには、読書と書き物がもっとも効率的だ。これ以上の方法はないと断言する。

22戦略は特別なものではない。2年間、毎日2時間ずつ本を読み、文章を書くことを言う。僕はこのおかげで脳を発達させることができた。23歳でやっと大学に入ってから2年間、22戦略を実践し、24歳の秋に初めてのビジネスを成功させて、毎月3千万ウォンの利益を稼いだ。どん底から飛び上がったかのような大逆転だった。

これを読んで、ギョッとしている人もいるだろう。

「読書はまだわかるけど、文章まで書けって？」

「人生の成功法を教えてくれるって言ってたのに、これは何なんだ？」

でも、僕はただひとえに人生攻略法、富への近道について話しているだけだ。

読書をするだけでなく、なぜ文章まで書かなくてはならないのか？

人生を変える方法は簡単だ。意思決定力を高めればいい。他の人々が人生の迷路をさまよっている間に、出口へと続く道を選べばいい。みんなが飛びついている株が、これから値下がりすることを見抜いていち早く売る見識、相場が急落して他の投資家がひるんでいる隙に安く買う度胸を育てればいい。他人の言葉だけを信じて飲食店をオープンしたり、逆に、誰の意見にも耳を貸さずに事業を起こしたりすれば、成功は遠ざかるに決まっている。自意識を解体し、脳を最適化して、他の人たちには見えていないチャンスをつかめば、人生というゲームの中であなたはどんどんレベルアップしていく。このとき、攻略法と魔法のカギになるのが読書と書き物だ。意思決定力、創意力、メタ認知などを発達させてくれるからだ。

僕たちは何かをするとき、脳の一部だけを使っている。YouTubeを見るとき、サスペンス映画を観るとき、旅行やデート、運動をするときは、それぞれ脳の異なる領域を使う。しかし、本は脳のほぼすべての領域を活性化させ、脳細胞を増加させて、知能をアップさせる。僕たちが読書をするときは、単に文字を読むだけでなく、その内容を頭の中でシミュレーションしている。脳は実際の経験とこのシミュレーションを区別できない。だから、読書は間接体験ではなく、直接体験に近い。読書は視覚情報を認識する後頭葉、言語や記憶に関わる側頭葉、記憶や思考をつかさどる前頭葉など、左脳を活性化させる。本の内容によっては、感情や運動をコントロールする領域まで活性化する。つまり、脳全体を刺激するのだ。

読書をすると、脳のさまざまな領域が互いに情報をやりとりしながら活性化し、脳細胞が増えて神経回路網が発達する。簡単に言えば、知能が高まる。筋肉が増えるように、脳の筋肉が増えてコアが強くなる。コンピュータにたとえると、処理速度がぐんと上がる。

20代はじめの僕は、何かを指示されたとき、取りかかるのがいつも遅かった。他のみんなは理解できているのに、僕だけが理解できていない、ということが多かった。また、何かを命じられるとパニックに陥ってしまい、実行力が余計に下がった。

しかし、20代後半から現在に至るまでに誰よりも理解力が高まり、どんな状況でも「僕は上位0・1％のスピードで正しい判断を下せる」と確信できるようになった。

先日、毎月4千万ウォン以上を稼ぎ出す20代前半の事業家に会った。読書をせずに賢くなることは不可能だと信じている僕に、彼は本を読まないと言った。以前は読もうとしていたが、悪文が多すぎて読む気がしなくなったという。その代わり、自分は文章を書いていたから賢くなれたようだと言った。その通り。読書と同じぐらい重要なのは、文章を書くことだ。

実は、最近の僕はあまり文章を書かない。どの事業も軌道に乗っていて、自分の判断力に問題がないと感じているからだ。でも、判断力が衰えたり、人生につまずいたりすることがあれば、また書き物を始めると思う。僕の頭をよくしてくれたのは、書くことだと確信しているからだ。文章を書くと、自分の考えを組み合わせて保存できるようになる。

たとえば、本書によって「22戦略」の概念を知った人がいるとする。しかし、これを読んだり聞いたりしても、すべてが自分のものになるわけではない。10のことを教わっても、脳は一つしか記憶できなかったり、この一つでさえ完全な状態で保存できなかったりするのだ。

知識をしっかり固めるには、文章を書かなくてはいけない。例を挙げると、本書を読んで「ジャチョンはこんな理由で、22戦略の重要性を主張している。僕はどんなふうに実践できるだろうか」というテーマで1〜2段落ぐらいの文章を書く人と、「ありきたりな話だな」と読み流す人の頭の中には、まったく違うものが残る。前者の場合は、もっと本を読んで文章を書くようになる可能性が高いが、後者は僕が紹介した自己啓発書のタイトルしか頭に残らないだろう。本当に重要なのは読書そのものではなく、自分の力で変わっていくことなのに。

2年間、2時間ずつ、読書と書き物をしよう。それ以外の時間は遊んでもいいし、快楽を追求してもいい。すると、あなたの脳は発達して、最適化を成し遂げられる。そんなに難しいことじゃない。1週間に1、2回やるだけでも、世の中の上位10%に入ることができる。

1カ月に1冊のペースで本を読む人があまりいないのと同じように、定期的に文章を書いている人はほとんどいない。1週間に一度、1カ月に一度でもいいから文章を書こう。

僕は参加者1千人超のオープンチャットルームを5つほど運営している。参加者たちは毎日文章を書き、読書をした結果をリンクで共有し、お互いに励まし合いながらコメントを書き込んでいる。環境作りと集団無意識を培う場として、ここを利用しているのだ。

前述の「環境設定」でお話ししたように、こういった形で自分を追い込むのも一つの手だ。

ブログやフェイスブックを開設して知り合いに広め、毎週文章を書かざるを得ない状況を作ってもいい。大学時代の僕は、何かに導かれるように本を読んで文章を書いていたが、22戦略を毎日実践するのはとても難しいことだ。本書の読者の中でこれを実践する人の比率は0・1％以下で、1週間に1、2回以上実践する人はそのうちの5％程度だと思う。

だからこそ、人生は楽勝なのである。こんなに簡単なことすら誰もやらないからだ。ほとんどの人が遺伝子の命令と本能に囚われて、あらゆる言い訳をしながらドロップアウトしてしまう。毎朝、鉛のように重い身体を引きずって出社することはできるのに、帰宅してたった1行の文章を書こうとはしない。

すぐに効果が表れる保証がない？　一生続く複利貯金であることを、僕が立証しているではないか。自力で財を成した逆行者たちが数々の本であれほど語っているのだ。だからこそ、僕はこう考える。

「毎日はできなくても、1週間に一日だけでもやってみよう。これすらやらない人が99％近いから、これだけでも周りと大きな差をつけることができる。逆行者になれる」

本を毎日読めば、最高の自分になれることを僕も知っている。でも、無精なせいで毎日は読めない。その代わり、「1週間だけでも、毎日30分*本を読もう。これだけでも上位5％以内に入れる」と考えながら10年を過ごしてきた。その結果、最悪の人生を最高の人生に変えることができた。

＊10分でもかまわない。自信がないなら、まずは小さな目標から始めてみよう！

課題　どうすれば一日30分ずつでも本を読めるだろうか？　環境設定の方法を考えてみよう。最初から無理な目標を立てないように。まずは1週間だけ、毎日30分読書をすることを目標にして、気づきや学びをブログに書いておこう。

脳の最適化2段階　五目並べ理論

やったことのある人はご存じだと思うが、五目並べは石をうまく置けば、ひたすら攻撃を続けることができる。他の石と連なるように石を置くと攻撃ルートが増え、相手は止める手がなくなって負ける。では、僕たちの人生も五目並べのようにプレイできるとしたらどうだろう？もし無限に勝ち続けることができれば、人生の自由はおのずと手に入る。ずっと貧しかった人が一度大金を手にすると、幾何級数的にお金を増やしていくことができるのも同じ理屈だ。五目並べは石を置くゲームだ。人生も「意思決定」という石を置くゲームのようなものだ。

抽象的過ぎるかもしれないので、例を挙げてみよう。

僕の人生において、「22戦略」はベストな最初の一手だった。22戦略によって知能が高まり、どんな知識でも簡単に吸収できるようになった。

2番目の手は「カウンセリング」だった。8年以上カウンセリングをしながら、僕は人間の感情がどのように動くのかを深く理解できるようになった。そのおかげで、他人の心を動かすマーケティングもうまくこなすことができた。

3番目の手は、この「マーケティング」だ。僕はマーケティングを学ぶことによって、どんな事業にも失敗しないビジネスの実力を備えるようになった。2019年からYouTubeがブームになることをあらかじめ感知できた。YouTubeチャンネルを開設したことによって、我が社の規模ではけっして採用できないような優秀な人材を獲得でき、そのおかげで次の手として会社をさらに増やすことができた。そして、こうした経験をもとに本を書いている。石を置くたびに「勝てるゲーム」を繰り返しているのだ。

お金持ちがインタビューで共通して言うことがある。「お金というものは、最初はちっとも増えませんが、一度稼げるようになると果てしなく増えていきます」。『お金は君を見ている』（サンマーク出版、2024年）を書いたスノーフォックスグループのキム・スンホ会長もこう言った。

「僕は100店舗をオープンするまでに3年かかりました。であれば、1000店舗目をオープンするには10年以上かかると思うのがふつうです。でも、それを達成するには数カ月もかかりませんでした」

こうした成功を収めるには、「長期的な手」を打つことが肝心だ。人生は約100年にわたって続く長いゲームだ。事業であれ投資であれ、うまくいかない人は、人生が明日にでも終わるかのように焦っている。そんなふうに目先の利益と所得にこだわるのではなく、長期的な手を打つことを「五目並べ理論」と僕は呼んでいる。

僕は2019年4月末にYouTubeを始めた。このときYouTubeを開始するのは、短期的に見ればうまい手ではなかった。成功するかどうかもわからないし、うまくいったとしても機会費用〔別の選択をしていれば得られたであろう経済的価値〕を考えれば、たいした儲けにはならない。それよりも復縁カウンセリングを5件こなすか、あるいは〈イサンハンマーケティング〉の実務をこなしたほうがいいかもしれない。しかし、結果的にはがむしゃらに働くよりも、YouTubeがもたらしてくれた利益のほうがはるかに大きかった。

YouTubeが成功したおかげで、上場企業の社長や、一代で数百億の財を成した資産家に何人も会うことができた。ビジネスチャンスも増え、これまで知らなかった投資の世界にも詳しくなった。みんなが僕の動画を見てくれているので、長い自己紹介も不要だった。新規事業を立ち上げたときも、YouTubeでPRするだけで大きな成果を上げることができた。

最大の効果は、全国から多くの人材が集まってきたということだ。最高レベルの人材を採用することができ、会社が大きくなった。

結果として、3年前より労働量が減ったにもかかわらず、3倍以上の自動収入を得られるようになった。あのとき当面の収入を得ることに追われて、通常業務だけを続けていたとしたら？　所得が減ることはなかっただろうが、相変わらず忙しく生きていることだろう。他の事業を構想したり、始めたりする余裕もなかったはずだ。僕の時間は増え、収入は大幅に上がった。五目並べ理論により、長期的な手を打ったからこそできたことだ。僕は五目並べ理論というものを考え出した後、２０１９〜２０２０年にいろいろな石を置いた。

■ YouTubeを始めた。
■ 29万ウォンのＰＤＦ本を販売するために２冊分の原稿を書いた。
■ YouTubeコンサルティング会社を作り、自らコンサルティングを担当した。

YouTubeコンサルティングの料金は、39万ウォンだった。90万ウォンの復縁カウンセリングのほうが稼げるが、このコンサルティングによってYouTubeに対する理解度がさらに深まった。そのおかげで『YouTube・アルゴリズム・タップダンス』というＰＤＦ本を書くことができた。このＰＤＦ本は、毎月１５００万ウォンの自動収入をもたらしてくれた。また、チャンネル登録者数10万人以上のYouTuberを20人以上輩出し、YouTuberの成功公式を知った。この公式に基づいて、３年間ずっと9千人止まりだったとあるYouTubeチャンネルの登録者数を２カ月で50万人に増やすことにも成功した。

僕はこの経験を通して、〈イサンハンマーケティング〉のYouTubeチャンネルで成功事例を広報し、収益最大化を実現した。今は最低でも月1億ウォン以上の収益を出している。『逆行者』を出すときもコンサルティング経験を基に、YouTubeを3年ぶりに再開してマーケティング活動を行った。その結果、本書がベストセラーになるのを大きく後押しすることができた。YouTubeコンサルティングの仕事はすぐにはお金にならなかったが、長期的には途方もないお金を稼ぎ出したのだ。僕は五目並べ理論によってチャンスの数を増やした。

つい数年前、僕はこの本を書く計画を立てて、10社近い出版社に草稿を送った。しかし、ほぼどこからも反応はなく、やっと1社から届いた返信は断りのメールだった。僕は考え方を変えた。自分で企画を持ち込むのではなく、出版社から依頼される状況を作らなくてはならない。そして、YouTubeという手を使って形勢を逆転させた。僕がYouTubeで5冊の本を紹介すると、それらは絶版になったものや一日1、2冊しか売れない本だったにもかかわらず、そのすべてがベストセラーになったのだ。出版関係者は「前例のないことだ」と言った。

そして、どうなったか？　100社以上の出版社から「本を出しましょう」「書籍の宣伝をお願いすることはできますか？」という連絡をもらった。自己啓発書を取り扱うほぼすべての出版社から連絡が来たのだ。以前、断りのメールを送ってきた出版社からも執筆依頼があった（彼らはまだ、僕がかつて企画を持ち込んだことに気づいていない）。結果として、僕は自己啓発書ジャンルの売上1位を誇る出版社と契約を結んだ。あまりにも大手なので、草稿を送ることすらできなかった会社だった。

今、この本を書くという行為もお金だけで考えれば、時間の無駄遣いかもしれない。この時間にもっと事業に気をまわせば、印税収入の数十倍を超える短期利益を出せるだろう。しかし、本を出版することによって、僕の付加価値はいっそう高まるはずだ。この経験を糧に出版事業に挑戦することもできるし、マーケティングに活用することもでき、長期的には我が社のブランド価値を高めることもできる。僕よりレベルの高い人々に会って、インスピレーションを受けるチャンスも増える。短期的には損だが、長期的に見ればけっして損ではない。

あなたも自分の石を並べよう。

何も持っていないなら、何をすべきだろうか？　運転代行をやってみよう。大手物流センターでアルバイトをしてみよう。カフェのアルバイトでも何でもいいからやってみよう。そして同時に、そこで起こる現象を学びながら、読書をしてほしい。運転代行をしたとして、「僕の人生はなぜこうなんだろう」と考えていては意味がない。話術の本を読破してから運転をしよう。乗客に話しかけられたら、学んだテクニックを使ってみよう。カフェでバイトをするなら、カフェ開業に関する本を20冊ぐらい読んでみよう。意味なく働いている時間はない。

現実は甘くない。よくない環境に置かれていると、この世のすべてが否定的に見えて、何もしたくなくなる。当然だ。本能がそうさせるからだ。でも、遺伝子や世の中によって作られたレールの上を、不満だらけで歩いて死んでいく人生でいいのだろうか。本能に逆らわなくてはいけない。未来を描き、環境を設定していかなくてはならない。未来を描いて、本能を抑える人だけが、運命に逆らうことができる。

あなたは今、目の前の課題を解決することだけに必死になっていないだろうか？　長期的な手を打つために、何をすればいいのかを考えてみよう。何も思い浮かばないなら、自分がやってきたことを振り返ってみてほしい。残業の多い会社よりは、１００万ウォン稼ぎが減るとしても、楽な会社に転職しよう。増えた時間で運動をして脳を最適化し、一日1時間本を読もう。バイトを2つやっているならどちらかを辞めて、できた時間にクリエイティブな集まりに参加したり、本を読んだり、自分より優秀な人に会おう。その場の短期的な報酬を得るために必死になって人生を食いつぶすのは、順理者の典型的な行動であることを忘れないでほしい。

課題　五目並べ理論に基づいて、あなたの人生においてすぐには利益が出ないとしても、長い目で見れば利益がある手は何なのかを考えてみよう。もしないとしたら、今からやるべきことは何だろうか？　何も思いつかなくてもいいから、10分ほど外に出て、歩きながら考えてみよう。そして、考えたことをブログなどに書きとめておこう。

脳の最適化3段階
脳を増幅させる3つの方法

頭脳を鍛えるステップは、筋トレによく似ているとお話しした。運動経験のある人はわかると思うが、身体も最初は新しい運動に抵抗する。筋肉痛になって、カロリーを消費したぶんだけ、さらに脂肪を蓄えようとする。しかし、これを乗り越えてしばらく経つと、運動が楽になってくる。逆に言えば、3セットやるだけで効いていたトレーニングが効かなくなる。身体が刺激に慣れたからだ。

脳も同じだ。前述の複利脳作り、22戦略、五目並べ理論をきちんと実践すると、はじめのうちは驚くほど成長できるが、このずる賢い脳というやつはそれに慣れていく。同じように努力を続けていても、実力が伸びなくなる。このとき必要なのが「脳への刺激」だ。

なまけるようになった脳を活性化させる脳への刺激は、運動プログラムのリセットと似たような原理で行う。新しい回線を敷いて、この回線が定着するまで十分な休息を与えるのだ。僕が実際に活用している脳の刺激法をご紹介する。

1．使っていない脳の領域を刺激する

ノーベル賞の自然科学分野の受賞者には、どんな特別な才能があるのだろうか？

調査の結果、科学に対する理解度はノーベル賞を受賞していない科学者と大差はなかったという。ただし、ノーベル賞受賞者には、他の人とは違う特異な点があった。それは科学以外の分野にも造詣が深く、文学や歴史など他の分野に対する関心と理解が高かったということだ。

クリエイティビティや知恵は、統合的思考から生まれる。

素敵なアイディアを出したり、奇想天外な解決策を発見したりするには、脳のさまざまな領域を刺激する必要があるということだ。

たとえば、運動感覚的知能を刺激するために新しい運動をするとか、論理・数学的知能を刺激するために科学の動画を見るとか、音楽的知能を呼び覚ますためにリズミカルな音楽を聴くこともある。ネーミングを考えるときやいいフレーズを見つけたいときは、ふだんあまり読むことのない詩集や小説を手に取る。こんなふうに、同時にさまざまな領域をマッサージすると、脳が拡張されて発達する感じがする。実際に答えが見つかることも多い。

ここで重要なのは、新しい経験だ。事業をやっていると、危機が訪れることがある。このとき、常識的には経営学の本を読むのが妥当だろう。でも、僕は『三国志』などの歴史物を読んだり、科学関連のYouTube動画を見たりする。すると自然に解決策が浮かんできて、奇跡的に問題が解決することがある。まったく違う分野のコンテンツを見ていると、突然何かがパッと思い浮かぶことが多い。僕だけでなく、アインシュタインやファインマンのような天才物理学者もそうだったらしいから、どうやら人間の脳に共通する現象らしい。

だから僕は仕事に行き詰まったり、新しいアイディアを出したいときは、まったく違う分野の勉強をする。何も難しい本を読めという意味じゃない。何度もお話ししたように、僕はそんなに賢くもなく意志の強い人間でもない。そこで妥協策として見つけたのがYouTube動画の視聴だ。

学習の深さと長期的効果という面から言えば、YouTubeの視聴はベストとは言えない。しかし、何も見ないよりはずっといいときがある。とても頭の痛い問題に悩まされているとき、平常心で本をめくることのできる人は少ないだろう。そんなとき、パソコンでゲームをするよりは、YouTubeのサイエンスチャンネルを見たほうがはるかにためになる。中学生でも理解できるレベルでわかりやすく説明をしてくれるし、何と言ってもおもしろい。

2. 歩いたことのない道を歩く

僕は運動をしない人を見るたびに、残念な気持ちになる。運動は幸福感を増進させ、抑うつ症状の多くを解消してくれる。さらに、脳の効率を最大化することができる。頭はいいのに運動をしない友人を見ると、「運動さえしていれば、きみはもっと早く望んだものを手に入れられたはずなのに」と思ってしまう。僕はスポーツ好きで、あらゆる運動に取り組んだが、それは〝より早く自由を得るため〟だった。1週間に2回程度の運動は身体の老化を遅らせて幸福度を高め、クリエイティビティと意思決定力を格段にアップさせる。僕は正直なところ、この本を読んだあなたが「22戦略と運動」、この2つを始めるだけでも成功だと思っている。

僕は一世一代の仕事に取り組むときは、必ず運動をする。『逆行者』を書くときも一日30分ほど欠かさず有酸素運動をした。ふだんは毎日運動するほうではないが、頭を使う作業が多いときは意識して運動をしている。集中力がぐんと高まり、アイディアが浮かびやすくなるからだ。身体を動かした後にシャワーを浴びると、使い果たした集中力が回復する。バドミントンやサッカーなどのスポーツでもいいし、サイクリングや軽いジョギング、ウォーキングなどの運動もおすすめだ。

次にご紹介するのは、人生がかかった仕事をするときや、高度な集中力を要する作業をする際の僕のルーティンだ。これを参考に、自分ならではのルーティンを作ってみてほしい。

1. 朝起きたら、約5分の短いウォーキングやジョギング、サイクリングなどで身体の細胞を目覚めさせる。
2. シャワーを浴びながら考えごとをしたり、頭の中を整理したりする。
3. 40分間集中して、5~10分ほど歩く。歩くときはけっしてスマホを見てはいけない。休憩時間にスマホを見ると、5時間で終わる仕事に10時間かかり、成果のクオリティも落ちてしまう。

4．5～6時間集中して作業をすると、脳の容量がパンクして能率が下がる。このとき、必殺技として30分～1時間程度の有酸素運動をする。バドミントンやテニス、サッカーの練習などもおすすめだ。

5．シャワーを浴びて身体をリラックスさせる。集中力が戻り、最高のコンディションに回復する。

6．40分間仕事をして、外の風に当たったりストレッチをしたりする。

7．その日のノルマをこなしたら、自分に報酬をあげよう。YouTubeを見たり、食べたいものを思いきり食べたり。ドーパミンを放出させなくてはいけない。そうすれば、翌日も「仕事が終われば楽しみが待っている」と無意識に考えるようになり、いっそう集中力が高まる。

動物はエサを求めて狩りをするために脳を発達させた。運動をしなければ脳は退化する。運動をすれば脳が発達する。運動をしているとき、人間の脳は自分が「狩猟状態」にあると錯覚する。狩猟状態になることで、集中力が最高潮に達する。

だから運動をすると脳が活性化して、4時間かかる仕事を1時間で処理できるようになったり、奇抜なアイディアが浮かんで1年働かなくては得られないアウトプットを一度に得られたりすることもある。運動習慣は何としてでも身につけるべきだ。ストレス解消に効果的で、体調アップに役立ち、顔色までよくなるのだから、やらない理由がない。運動ならどんなものでもいいが、僕が一番おすすめしたいのは〝歩くこと〟だ。

つまりは成長するか衰退するか、活動するかしないか、ということだ。元来、わたしたちは体を動かすようにできていて、そうすることで脳も動かしている。学習と記憶の能力は、祖先たちが食料を見つけるときに頼った運動機能とともに進化したので、脳にしてみれば、体が動かないのであれば、学習する必要はまったくないのだ。

ジョンJ・レイティ、エリック・ヘイガーマン

『脳を鍛えるには運動しかない！　最新科学でわかった脳細胞の増やし方』

『脳を鍛えるには運動しかない！』〔NHK出版、2009年〕の著者によれば、激しい運動は脳によくない。多くの血液が筋肉に取られてしまい、脳の認知機能がむしろ低下するという。軽い有酸素運動や、少し複雑な運動がいいとのことで、僕は散歩がぴったりだと思う。ただし、ふつうの散歩とはちょっと違う。行ったことのない道、新しい町に行ってみるのだ。知らない場所を歩くと、脳に新しい地図が描かれる。新たな空間を探索しながら、脳は視覚・空間認知

や身体・運動感覚知能などを総動員する。作家のマイケル・ボンドは著書『失われゆく我々の内なる地図　空間認知の隠れた役割』（白揚社、２０２２年）の中で、道を探す能力こそが、人類の成功の秘訣だと言った。空間認知はもちろん、抽象化能力、想像力、記憶力、言語能力までを刺激するという。知らない町を歩き回ってみよう。早足で20分ほど歩けば、脳の血流量が増加して、脳への刺激が強まり、高い運動効果も得られる。

僕がこの話をすると、ある知人が「もっといい方法があります」とおもしろい方法を教えてくれた。『モチベーション３・０　持続する「やる気！」をいかに引き出すか』（ダニエル・ピンク著、講談社、２０１０年）という本に出てくる方法で、通勤の交通手段を変えて脳を刺激するというものだ。これまでバス通勤していたとしたら地下鉄に変えたり、時間がかかっても自転車で通勤したりするというやり方である。自宅とは逆方向にホテルを取り、そこから出勤する方法もある。アレンジ次第で、さまざまな通勤方法を選ぶことができる。

僕はたくさんの本を読んで、頭の中がまだ整理できていないときは、次のような方法で脳を刺激する。身体を動かすこと以外に、こうした活動もおすすめだ。

- **行き先のわからないバスに乗って終点まで行く**
- **新しい車を運転してみる**

- 新しい食べ物に挑戦してみる
- 新しい道を散歩する
- まったく新しいジャンルの音楽を鑑賞する

3．十分な睡眠をとる

20歳で読書を始めた頃、睡眠に関する本もたくさん読んだ。「動物はなぜ寝るのか？　人間は寝ないとどうなるのか？」を知りたかった。当時は読書に夢中だったから、睡眠時間を削ってもいいならそうしたかったのだ。

僕は20冊以上の本を読んで得た情報を組み合わせて、こんな結論を導き出した。

- 睡眠時間はけっして削ってはいけない。9時間の睡眠が必要な人もいれば、3時間睡眠で大丈夫な人もいる。短い睡眠時間で生きられる人が書いた本を読んで、「3時間寝れば十分なんだ」と信じてはいけない。脳が最大の効果を発揮するには、学者は最低でも7時間は寝るべきだと推奨している。睡眠時間を減らすのは、非効率の極みだ。
- 人によって、必要な睡眠時間は違う。自分がベストなコンディションを出せるのは、何時間寝たときなのかを知っておこう。一般的には、6〜9時間の間だ。
- 昼寝は30分以内にとどめる。睡眠にはレム睡眠とノンレム睡眠があり、深い眠り（ノンレム睡眠）に陥る前に目を覚ましたほうがいい。

■人間が眠る理由にはさまざまなものがあるが、中でも重要なのは「長期記憶化」だ。人間は眠っている間にその日起こった出来事を整理して、短期記憶を長期記憶に切り替える。睡眠は、脳の最適化に欠かせない。睡眠時間を削って読書をするのは無意味なのだ。

■睡眠時間を減らすと、その日に起きたことを長期記憶化できない。読んだ本の内容や、勉強したことがほとんど消えてしまう。暗記科目のテストを受けるときなどは一夜漬けが有効な場合もあるが、人生という長距離走の中では、睡眠時間を減らして勉強するのは愚かなことだ。その日に得た知識を忘れてしまうだけでなく、健康を損ない、老化を早める。

■目覚めた瞬間や夢の中で、悩みの答えが見つかることもある。人間の脳は実に神秘的で、寝ている間も問題解決を続ける。そのため、目が覚めたときに「あっ！」と正解を思いついたり、ぼんやり朝食をとっているとき、あるいはシャワーを浴びている途中などに、素晴らしいアイディアが浮かんだりすることがある。繰り返すが、寝ているからといって時間を無駄にしているわけではないのだ。

■生まれつき睡眠時間が短い人のことをうらやむ必要はない。3時間しか寝ない人がみんな成功したわけじゃない。僕は絶対に8時間は寝ることにしている。眠りがクリエイティビティを高め、経験したことを長期記憶化することで知恵が蓄積されていくと考えている。その結果、スタートは遅かったが、僕の人生は同年代の誰よりも先を行っている。

ジム通いの初心者にありがちなミスがある。筋トレを必死に頑張っているのに、食事をおろそかにしてしまうのだ。身体にきちんと栄養を供給し、筋肉を休ませながら、鍛えていくべきなのに、ひたすら運動を続ける。そして「こんなに運動してるのに、どうして筋肉がつかないんだ?」と言う。攻略法を知らないからだ。

毎日3セットずつ運動し、よく食べてよく休むだけで筋肉を鍛えられるとお話しした。脳も同じだ。本を読んで文章を書きながら脳に運動をさせたなら、それが本当の知識として定着するように、十分な休息を与えなくてはならない。それが眠りだ。

十分な睡眠と共におすすめしたいのは、ぼーっとすることだ。旅に出て何も考えずに遠くを眺めること、美しい景色を見ながら、とりとめもない考えをめぐらせること、あれこれ考えながらシャワーを浴びることなどを「夢想モード」という。

一生懸命に生きている人は、この夢想モードを無駄だと考えがちだ。しかし、これは無理にでも作らなくてはならない貴重な時間だ。僕はぼんやりする時間を意図的に作ろうと心がけている。1週間の中で触れた情報を統合したり、考えを整理したりするのに役立つ時間だ。ずっと悩んでいた問題について、素晴らしいアイディアや解決策が浮かぶこともある。無駄な不安が消えて脳がすっきりする。そして、違う角度から効率よく物事を考えられるようになる。

特に、旅は脳を刺激し、積み重なった知識を整理するのに役立つ。僕も1〜2週間ほど海外に旅に出ることがある。代表取締役がしょっちゅう姿を消すことについて、最初は役員たちがいい顔をしなかった。しかし、僕が旅から戻るたびに革新的なアイディアを出し、大きな成果を上げたことによって、役員の不満の声も消えた。

「頑張っている感」にこだわらないようにしよう。それは自己満足に過ぎない。朝活もいい方法かもしれないし、ときには徹夜をして頑張ることもあるだろうが、本当にそれが自分に合った方法なのかをしっかり見極めなくてはならない。

人間の脳と身体は数百万年の進化を経た産物であり、ふさわしい使い方があるのだ。攻略法を知らずにレベルアップすることができないように、根拠のない自分の信念にのみ従っていると、永遠に順理者として生きることになる。

僕は何をやってもダメな人間だった。でも、読書に出会ったことによって、「脳の最適化」をぼんやりと理解した。そして、脳の最適化を信じて、短期利益ではなく長期利益に焦点を合わせて、石を置き続けてきた。その結果、簡単に経済的自由を得ることができた。

とはいえ、優秀な遺伝子を持って生まれ、家庭環境や教育も完璧だった人もいる。彼らと自分を比較したくはない。彼らは僕よりもずっと大きな成果を上げるかもしれない。それでも、脳の最適化の概念は無意味ではない。あなたが知るべき重要なことは、100人中94位から2位に上がる方法が、確実にあるということだ。

CHAPTER 6

逆行者の知識を身につける

逆行者5段階

戦争の勝利は誰も
保証できない。
そうなる資格を得ただけだ

——ウィンストン・チャーチル
『第二次世界大戦』

人間の脳は「単純なこと」を好む。複雑に考えるのを嫌がり、それまでやっていたことを続けたがる。転職したほうが稼げることがわかっていても、「繰り返しの楽さ」に流されて、これまでの生活パターンを変えようとしない。遺伝子の誤作動克服の部分でもお話ししたように、これは「新しいことを避ける遺伝子」のせいで発生する。今よりずっと昔の時代は、新しいことに挑戦する人は淘汰される確率が高かった。鍛冶屋が漁師の仕事を学んだり、農夫が突然わらじを売りはじめたりしても、暮らし向きがよくなるわけではなかった。不慣れなことに手を出せば、むしろ収入が減る恐れがあった。

しかし、現代社会では「新しいこと」に挑戦すればするほど、大きな富を得るチャンスが高まる。たとえば、中世の鍛冶屋が現在の価値で月300万ウォンを稼いでいたとする。この鍛冶屋がもし21世紀の現代に生きていたとしたらどうなるだろうか？

彼は毎月5千万ウォンを稼ぎ、経済的自由を手に入れることが可能だ。現代の鍛冶屋が週末を利用して、次のように1週間に一つずつ、新しいことを学んでいくと仮定してみよう。*

- YouTubeの編集技術を1週間学ぶ。
- モール型ECサイトで商品を販売する方法を1週間学ぶ。
- オンラインマーケティングの講座を1週間受ける。

＊知能＝新たな環境に適応する能力。
『逆行者』を読んだ鍛冶屋

この鍛冶屋は、たどたどしいながらも自分の作業工程を撮影して編集し、YouTubeにアップする。そして、固定コメントにECサイトへのリンクを貼って、オンラインマーケティング講座で聞いたテクニックをいくつか取り入れる。その結果、全国から台所包丁や大工道具の注文を受け、YouTubeで副収入を得て、新たなビジネスを提案されたりもする。この経験を通じて、刃物の販売だけではなく、事業を拡大していくことができる。

あなたはインターネットに慣れている世代ではなかったり、あるいはとても若かったりするかもしれない。そのため最初は理解しづらいかもしれないが、大丈夫だ。「こういうやり方があるんだな」とざっくり頭に入れて、続きを読んでいこう。ゆっくりでいい。

ここまでのチャプターで完全に無意識を変え、遺伝子の誤作動について理解して、脳の最適化を完了したら、残るは知識の習得だけだ。繰り返しお話ししてきたように、人間は本能と遺伝子の操り人形として生きていく。幼い頃に夢見た〝特別な人生〟を次第に忘れ、現実に適応して生きるようになっていく。しかし、本能に逆行する知識を持っていれば、順理者とは違う生活を送ることができる。僕もまた逆行者の知識によって毎日違いを生み出し、最悪の人生を〝完全に自由な人生〟に変えることができた。ただし、逆行者になっても一晩で自由を得られるわけではない。1年で自由を手にできる確率も極めて低いだろう。しかし3年、5年、10年後には、周りに大きな差をつけることができるはずだ。ここからは僕が10年間経済的自由、人生からの自由を得るために習得した逆行者の知識について説明していきたい。

逆行者は1もらったら、2を返す

僕の株を代わりに運用してくれているプロがいる。毎月一定額ずつに分けて1年で20億ウォンほど預けたところ、30億ウォンにまで増やしてくれた。ぜひお礼をしたいと申し出たが、その必要はないと言われた。そこで彼の遠慮を押し切って、車2台と江南の新しいマンションの家賃を支援している。僕が得た利益の10％にも満たない額だ。すると、こう言われた。
「ジャチョン、きみのように恩返しをしてくれる人はいないよ。10億儲けても、30万ウォンしか送金してこない人だって多いのに」

30万ウォンだって？　信じられない。

僕は、無料で得たお金の10％は相手に返そうと決めている。たとえば以前、友人が株の耳寄り情報を教えてくれたおかげで、1億6500万ウォンの儲けを出すことができた。僕は株を売った日、1700万ウォンを友人に送金した。

これを読んで、こんなふうに言う人もいるだろう。「もし10億ウォンの儲けが出たら、私なら5億をあげますよ！　当然でしょう？」。しかし、実際にはかなり難しいことだ。次のように、自意識や合理化の防衛機制が働いて、一瞬の判断を誤らせるためだ。

- **株の運用を任せて利益が出たのは、僕に人を見る目があったからだ（自意識）**
- **あの人はもともと数百億の資産家なんだから、僕がお礼なんかしてもしょうがない。せっかくなら、もっとお金を増やしてからにしよう（合理化）**
- **ファンドの手数料だって1桁台なんだし、お礼は3%ぐらいでいいんじゃないかな？ 10%は高すぎる（損失回避）**

人間として当然の感情だ。でも、相手の立場からしたらどうだろう？　こんな図々しい人をまた助けてやりたいと思うだろうか？　僕だって、お金が惜しいと思ってしまうことはある。でも、そんな感情を持つのは本能に操られているせいだと気づき、克服しようと努めている。その姿勢に相手は感動し、いいチャンスがあれば、まず僕に声をかけてくれるようになる。

アダム・グラントが書いた『GIVE & TAKE「与える人」こそ成功する時代』（三笠書房、2014年）という本に、おもしろい主張が出てくる。人間は、ギバー、テイカー、マッチャーの3タイプに分けられるという内容だ。

- **ギバー　Giver：人に惜しみなく与える人**
- **テイカー　Taker：真っ先に自分の利益を優先させる人**

では、このうち一番お金持ちになれるのはどのタイプの人だろうか？

▪マッチャー　Matcher：損得のバランスを考える人

一番貧しいのはギバーだ。ところが、一番お金持ちになるのもまたギバーである。

ロゴ制作会社を立ち上げた21歳の男性が、僕に1千万ウォンを送金してくれたことがある。なぜそんなことをしたのか？　彼は僕がブログに書いた「資本0円起業」に関するコラムを読み、すぐにロゴ制作会社を作って、2カ月で5千万ウォンを稼いだのだ。そこで、感謝の意として1千万ウォンを送金してくれたのである。

今の僕にとって、1千万ウォンはものすごい大金というわけではない。でも、あなただったら、そんなことをしてくれた人を忘れられるだろうか？

2020年4月、お金を稼ぐことができたお礼と言って、こんなふうに1千万ウォンを送金してくれた人が4人もいた。言うのは簡単だが、1千万ウォンだ。あなたにはできるだろうか？　できるのは全国民の0・1％以下だろうと僕は確信している。2年が経った今も、彼らは成功街道をひた走っている。本能に逆行する思考を持つ人は、人生に敗北することはない。

僕は一代で財を築いた数百人の人々に会ってきたが、そのほとんどが食事をごちそうした

｜資産とギブ＆テイクの関係｜

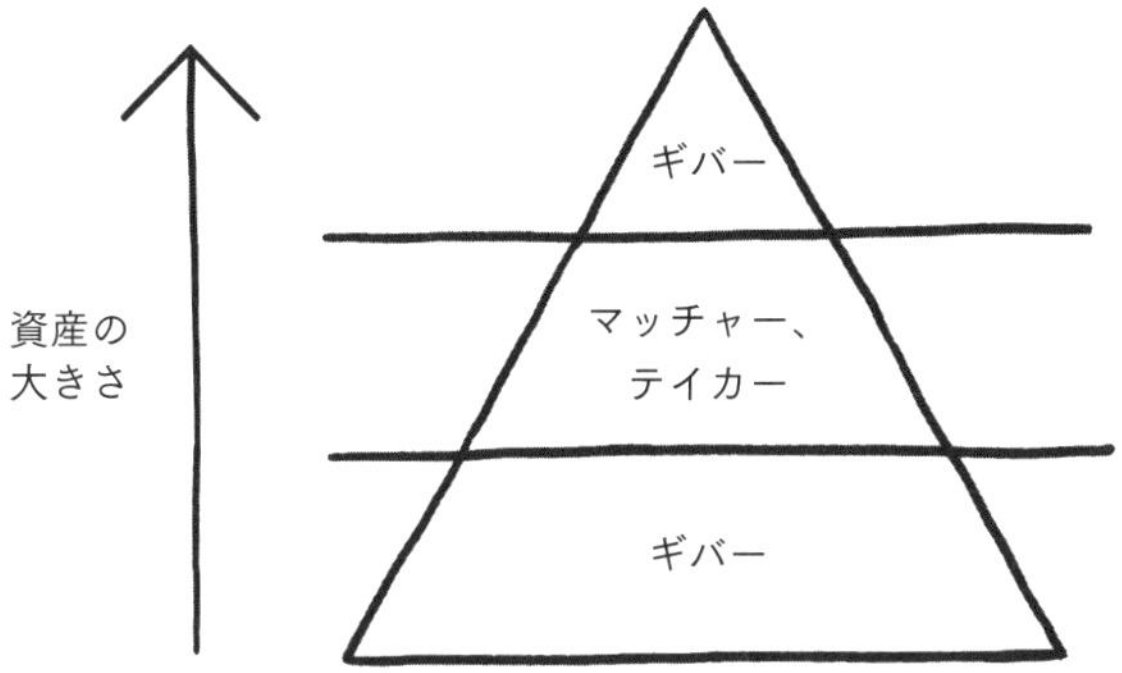

り、感謝の気持ちを表現したりするためのお金を惜しまなかった。

世間のイメージとは異なり、お金持ちの人々の暮らしはとても質素だ。数十億ウォンの資産家でも、タクシー代を節約して地下鉄とバスにしか乗らないという人もいる。でも、こうした人々も接待飲食費の数十万ウォンを出し惜しむことはない。ギバー精神を持っている。だから、お金持ちなのだ。

逆のケースもある。数年前、僕はある人に起業をサポートしてほしいと頼まれた。以前からの知り合いだったので、無料で手伝った。今ほど有名ではなかったとはいえ、当時も僕のコンサルティング料はそれなりに高かったから、有料なら数百万ウォンにはなっただろう。1カ月後、この人は「おかげで大きな成果があった」と言って、また僕に会いに来た。新たなアドバイスをもらうためだった。僕はまた事業に関する助言をして、彼と一緒に食事をした。ところが会計のとき、彼は僕の後ろに立っているではないか。10万ウォンの食事代を惜しんでいたのである。彼を見送った後、スタッフに言った。

「あの人が成功する可能性はない。もう会わないことにするよ」

その後彼はどうなったか。もちろん事業はうまくいかず、詐欺まがいのことをしているのか、ときどきクレームの声が聞かれた。「ジャチョンさんと親しくて、会社のスタッフだったこともあると聞いたんですが、本当ですか？」……。苦々しい気持ちになる。彼がスタッフだったことは一度もない。僕の名前を利用しているだけなのだ。

こうしたケースは無数にある。若くして経済的自由を得たケチな人を、僕は一度も見たことがない。成功する人かどうかを判断する僕の基準の一つは、食事をおごることが多い人かそうでないかだ。食事をごちそうするという行為は、短期的な損をして長期的な利益を得る判断力があるかどうかを見せてくれるからだ。

五目並べ理論でお話ししたように、逆行者なら長期的な投資をしなくてはならない。人に食事をおごることすらできない人は、こうした判断がうまくない。当然、成功する可能性もかなり低い。たった2～3万ウォンの食事代を出し惜しんで人望を失ってしまう人が、今後の人生において正しい判断ができる可能性はゼロだ。

1年前、レギンスブランドtempleの前代表ソン・ヨンジュの事業を無償で助けたことがあった。ソン・ヨンジュはあるインタビューで「ジャチョンさんはなぜあなたを助けてくれたのでしょうか？」という質問にこう答えた。

「事業家は1をもらったら2を返す傾向があるようです。だからうまくいくのだと思います。ジャチョンさんも私を手助けすれば、大きなものが返ってくると考えたのでしょう」

この言葉が正解だ。株で僕に1億6500万ウォンを儲けさせてくれた前述の友人もソン・ヨンジュなのだ。彼女と助け合ったことは一度や二度ではない。このような関係はお互いを引き上げてくれる。

成功する人はけっして出し惜しみしない。何とかして人を助けようとするし、あらゆるものを与えようとする。ギバー精神を持っているのだ。

だから、あなたもギバーになることを検討してみよう。人生という長いゲームにおいて、これ以上の投資はない。「10％でいいから増やしたい」と株をやりながら、なぜこんなにコスパのいい投資をしないのか。大金を使う必要もない。月収が200万ウォンだとしても、感謝を伝えたい相手に一度食事をごちそうするのは難しいことではない。本当にお金がないなら、どんな形でもいいから気持ちを伝えればいい。1～2万ウォンのプレゼントでもかまわない。

ケチな人たちには誠意がないのであって、お金がないわけではないのだ。

僕は感覚的な話が嫌いだ。たとえば「他人を助ければ、自分に返ってくる」といった非論理的な話は好きじゃない。僕の経験上、ギバー理論にはそれなりに論理的な理由がある。賢明なギバー同士が出会うと、本来であれば他人には絶対に渡したくない大事な駒をお互い出し合って、一緒に急成長することになる。

たとえば、前述のソン・ヨンジュは僕を完全に信頼して、いい情報を共有してくれた。そのおかげで、僕は1億6500万ウォンを稼ぐことができた。もし無償でビジネスを助けるというギバー行為をしていなかったら、ソン・ヨンジュが僕にいい情報をくれた可能性は0%だ。有益な情報をお互いに共有する関係になることを僕は「ギバーモード」と呼ぶ。

事業の取り引きであれば、「自分がもらったぶんだけを相手に返せばいいや」という心理が作動する。しかし、お互いにギバーモードになれば、相手が成功できるように自分の情報をすべて提供できるようになる。競争心のせいで情報共有をしたがらないのが人間の性というものだ。しかし、ギバーモードになれば、お互い無制限に情報を提供できるようになる。

もう一つ、いい例がある。インテリア分野でトップのYouTuberでOWL Designの代表であるパク・チウンと僕は、お互いにギバーモードになった。僕は彼にインスタグラムのリールで無料マーケティングをする方法を教えた。その結果、OWL Designのインスタフォロワー数は2カ月で1万人から5万人に増え、ポートフォリオが全国的に広まってインテリアの受注が1カ月で数十件も増えた。僕の助言によって、毎月5千万ウォン以上の純利益が発生したのだ。

パク・チウンも、僕を無制限に支援してくれる。兆単位の資産を持つ会長と会食のアポを取りつけてくれたり、ハイレベルな事業家を紹介してくれたりすることによって、僕の人脈を広げてくれた。大企業のマーケティング案件があれば、何とかしてつないでくれようとする。これらは、僕にとってお金には換えられない意義ある経験だ。ふつうの関係だったら、そう簡単にこんな人脈を紹介してもらうことはできない。しかし僕たちはギバーモードだから、利害の計算なく与え合う関係になった。これがギブ＆テイクを超えるギバー関係の力だ。

ただし、もらったぶんしか返さないマッチャーや、もらうばかりのテイカーをしっかり見極めて避けることも重要だ。外から見ただけでは区別するのが難しい。へたをすれば、テイカーにずっと無駄な施しを続けることになる。ピラミッドの一番下の段に「バカなギバー」がいるということを覚えておこう。これまでの観察結果によると、テイカーやマッチャーは共感力が低かったり、合理化が激しかったり、他人に被害をもたらすといった非倫理的な行動が多かった。自分より立場の弱い相手への接し方を見るのも一つの方法だ。

どうしても判断しづらいとき、僕はこんな方法を使う。まず自分のほうから相手を支援して、相手の行動を見るのである。相手が受け取ることを当然視したら脱落、ギバーモードが見えたら賢明なギバーだと考えて、良好な関係を維持すればいい。あなたのレベルが高いときは、周囲にギバーがあふれる。レベルが低いときは、マッチャーやテイカーたちが列をなしているだろう。人を見る目が育っていないうちは、まずギバーになる練習をして、さまざまな人に会ってみよう。

- **この1年、自分はどんなギバー行動をしたのか、振り返ってみよう。本を閉じて、10分ほど散歩をしながら考えてみるのもいい。**
- **最近あなたの人生に大きな影響を与えてくれた人に、LINEギフトやプレゼントを送ってお礼をしよう。あるいは、相手が困っていることがあるとしたら、あなたなりの解決策を書いて送ってみよう。**

確率ゲーム
逆行者は勝てる確率だけに賭ける

人間には、得をすることよりも損をすることを恐れる傾向がある。先述したように、心理学ではこれを「損失回避バイアス」と呼ぶ。

簡単に言えば、月1億ウォンを稼ぐ人は1億1千万ウォン稼げるようになってもたいして喜ばない。しかし月収が9千万ウォンになると不安になって、精神的ダメージを受ける。人間は利益より、損に対してはるかに敏感なのだ。これも進化と関連がある。食料が豊富にある状態のときに食料が増えても生存に影響はない。しかし食料がどんどん減っていく状況になれば、生存と繁殖が脅かされ、脳は不安を感じる。
損失回避バイアスは、人間が持つ当然の心理機能である。

現代社会において、損失回避バイアスは重要ではない。遺伝子の誤作動に過ぎない。ポーカーを例に挙げてみよう。ゲームをうまくやる方法は簡単だ。感情に振り回されず、確率の高いものに賭ければいい。勝率が55％なら、損することへの本能的な恐怖を抑えて賭けてみる。期待値（宝くじを1枚買ったときに得られる当選額の平均など、1回の試行の結果として得られる数値の平均値）だけを徹底的に計算してベッティングすれば、長期的には必ずゲームに勝てる。人生も同じだ。勝率があるなら、損失回避バイアスに惑わされずにベッティングしよう。もし失敗したとしても、「自分はよくやった。やむを得ない結果だったんだ」と考えればいい。

あなたは人生をどんなものだと考えているだろうか？
僕は、人生をある種のゲームだと思っている。そのため、本書も「逆行者の人生攻略法」というコンセプトで執筆している。ただし、人生というゲームはちょっと独特だ。生まれたときにログインして、死ぬときにログアウトする、超長期ゲームだ。途中で勝手にやめることはできないし、いきなりチームを変えることもできない。序盤は大成功しているように見えても、数十年後にすっかり落ちぶれてしまうこともある。僕みたいに、その逆のケースもある。だからこそおもしろいし、難しい。

超長期ゲームである人生には、いくつかの特徴がある。まず、周囲のプレイヤーたちと絶えずやりとりをしてゲームを続けていかなくてはならない。相手のものを一方的に奪うのではなく、2人ともwin-winになることもあれば、2人とも失敗することもある。このようなゲームは「ノンゼロサム（参加者の利益と損失の総和（サム）がゼロにならない）」な繰り返しゲーム」と呼ばれる。相手と自分の利益がすぐにはわからない、長くて複雑なゲームという意味だ。

人生の意思決定はいつも難しい。結果がどうなるかはわからないからだ。そこで「ギバー理論」と一緒にお伝えしたいのが、「人生は確率のゲーム」だということだ。確率ゲーム理論は、逆行者に常に正しい選択をさせてくれる考え方だ。

27歳のとき、年上の友達とポーカーを打った。初回は、僕の惨敗だった。悔しくなって、図書館でポーカーの本を3冊読んだ。子どもの頃、ゲームで友達に勝つためにこっそり攻略本を読んだのと同じように、また攻略法を研究したわけだ。

そして再び対戦して、僕は勝利した。彼らはポーカーを5年以上やっていたが、初心者の僕が勝ったのだ。本の威力を実感した。

勝つ秘訣？　簡単だ。感情を一切介入させず、ポーカーの知識に基づいて、確率のみで状況を判断したのである。多くの人々はポーカーをするとき、次のようなミスを犯す。人生における失敗のパターンによく似ている。

- **「恥をかきたくない」とか「相手をやり込めたい」という気持ちのせいで、ゲームを降りることができず、ベッティングを続けてしまう（自意識の保護）。**
- **「この勝負に勝てば大金が手に入る」など、うまくいったときのことばかり考える。ダメだった場合のことを想像しない（希望的観測のエラー）。**
- **「ここまで負け続きだったから、次は勝つはずだ」と思い込む（ギャンブラーの誤謬）。**
- **何度も負けて腹が立ち、理性的に確率を計算せずに、勘だけを信じてベッティングする（確率のゲームではなく、感情のゲーム）。**

対戦相手がこうした感情のせいで誤った判断をしている間、僕は全体の札を見てひたすら確率を計算した。勝率が55％以上ならベッティングを続けた。確率的には相手が勝つ回数も多い。でも、もし負けても僕は動揺しない。勝ったからといって大喜びすることもない。冷静にベッティングできた自分を褒めて、気持ちを引き締めるだけだ。あとは時間が解決してくれる。一つひとつは小さな差でも、少しずつ先に進んでいくしかない。

人生も同じだ。ほんの少しでも他人より意思決定力が高ければ、正しい選択ができる確率がアップする。人生において何百回も決定を繰り返すにつれて、意思決定がうまい人とそうでない人の差は、天と地のように広がっていく。わずか5%でも周囲よりいい決定ができれば、その人生は必ず成功へと向かう*。人生は限りない繰り返しゲームだからだ。

人間が未来を計算する脳を持つようになったのは、それほど昔のことではない。特に切羽詰まったピンチのとき、原始の遺伝子は感情的な行動を引き起こす。たとえば株価が暴落したとしよう。人間の脳は「これを乗り越えればいい。待て!」と言う。ところが、爬虫類の脳がもっと強く命令を下す。「今すぐ売らないと人生終わりだ! 早く売れ!」と。

結果はいつも僕たちが体験する通りだ。株価チャートを見ないで放っておいたほうがいいとわかっているのに、焦って損切りをしてから後悔する。

理性的な判断ができれば、人生においても勝利をつかめる。自意識を解体し、脳を最適化しようと強調してきたのもそのためだ。僕たちの遺伝子は損失に敏感に反応するようにセッティングされている。そんなクルージのせいで誤った判断をしないように、自分を冷静に見つめ直さなくてはならない。人間の脳で爬虫類の脳、哺乳類の脳を押さえ込もう。人生は、絶え間なき選択と決定の連続だ。確率ゲームの成功例をご紹介しよう。

＊本書『逆行者』によって意思決定力を高めることができる

確率ゲームの成功例1

僕は大学を中退するまでの2年間、22戦略によって読書と書き物ばかりをしていた。この2つを続けることのほうが、TOEICの勉強や就活の準備、大学の講義よりも「期待値」が高いと考えた。一代で財を成した人はこの2つによって脳を発達させ、複利で知識を増やした。もちろん、周りの人から*「どうしてTOEICの勉強もせずに本ばかり読んでいるの?」と聞かれるたびに不安になった。

でも、僕は確率の高いほうに賭けることに決め、読書を始めて4年経った25歳のとき、毎月3千万ウォンを稼げるようになった。確率ゲームによって、本能に逆行した結果だ。

確率ゲームの成功例2

YouTubeを始めたばかりの頃は不安だった。「ネット上で誹謗中傷されて、会社に関するよくないデマが広まったらどうしよう? 僕は一生スタッフの面倒を見ないといけないのに……。これまでに築いてきたものが崩れ去ったらどうしよう?」と。

でも、いくら計算してもYouTubeは「損より得」のほうがはるかに大きかった。僕の計算通り、YouTubeのおかげで自分と似たタイプの人に出会えたし、会社には数多くの優秀な人材を集めることができた。本能的な恐怖が遺伝子の誤作動であることを理解して、確率ゲームにベッティングした結果である。**

＊何も成し遂げていない人の忠告は無視していい
＊＊10を失っても100を得られるならベッティングすべきだ

確率ゲームの成功例3

僕は先日、2週間のトルコ旅行に行ってきた。現在100人以上の従業員を抱えているので、うしろめたかったのは事実だ。「僕だけ遊んでいると思われたらどうしよう?」。しかしこうした不安は、人間の「評判に対するセンシティビティ」のせいで起こるのだと考えた。人間は集団社会で進化したため、「内輪の評判」が極めて重要だ。そこで仲間はずれにされたり悪く言われたりすると、精神的に大きなダメージを受ける。僕はこの事実を知っていたので、「僕がもっと成長すればいい」「これまでになかったアイディアを出せばいい」と考えた。評判が落ちることよりも「成長の期待値」のほうが高いと判断して、トルコに発った。*

確率ゲームをうまくやるには、「逆行者7段階モデル」を前提にしなければならない。居心地の悪い感情は自意識のせいではないか、現在の気持ちは遺伝子の誤作動のせいではないかと考察してみよう。

そして勝率が高いと思ったら、ベッティングをして結果を待つ。もし失敗に終わったとしても、自分を褒めてあげよう。あなたが何かを選択したのなら、確率的に負けたことを気にする必要はない。ゲームを続けて、本能に逆行することに集中しよう。そして、確率ゲームを進行するときは、自分に次のような質問をしてみよう。

＊勝率の高いほうに賭けよう。本能に逆行せよ

- 最近の意思決定は、確率のゲームに則ったものだったか？　それとも、損失回避バイアスの影響を受けたものだったろうか？
- 自分の人生において、成功した確率のゲームにはどんなものがあっただろうか？　書き出してみよう。

遺伝子に刻み込まれた、匠の精神に逆行せよ

チャプター1でお話しした通り、僕はなんの取り柄もないダメ人間だった。それでも経済的自由を手に入れた。

秘訣は何か？　それは、「仕事」に対する人間の本能に逆行したという点だ。

人間はもともと、一度身につけた仕事を死ぬまで続けるように設計されている。大昔の鍛冶屋は生きている間ずっと鍛冶屋を続け、農民も体得した知識を使って一生を生きた。それで十分だった。しかし、現代は一つの仕事を続けろという脳の命令に逆行しなければ、自由を得ることはできない。

一つの仕事だけを極めるのではなく、3～4種類の技術を広く浅く習得する必要がある。僕

はスコット・アダムスの『How to Fail at Almost Everything and Still Win Big(ほとんどすべてに失敗しても大成功を収める方法)』を読んで、その秘訣を知った。

スコット・アダムスは数えきれないほどの失敗を繰り返してきた人だ。そんな中、彼が描いたコミック『ディルバート』がメガヒットし、世界各国の2千以上の新聞で連載されるほどの人気を得た。なぜこんな成功を成し遂げることができたのだろう。

イラストがうまかったから? 〝ディルバート〟で検索してみるとわかるが、ものすごい画力が求められる漫画ではない。職場を風刺したシンプルな新聞漫画だ。

では、運がよかっただけ? そうではない。漫画を読めばわかるが、会社員なら思わず笑ってしまうような現実をうまくとらえている。それが核心だ。アダムスは絵がとても上手なわけでもなく、会社員人生を極めた人でもない。彼の持つ能力はいずれもせいぜいBランクだった。これらが組み合わさったことによって、彼はサラリーマン漫画の人気作家に躍り出る。

ある程度の絵の実力+鍛えられたユーモア+会社勤め&ビジネスの経験=0・01%の特別な存在

まさしくここに人生攻略の秘密がある。ある分野で上位1%の人材になるには、生まれつきの才能と努力が必要だ。

しかし上位20%、Bランク程度の実力なら、努力さえすれば誰でも身につけることができきる。このＢランクの武器をいくつか集めれば、代替不可能な人材になれる。勉強で０・１％に入るのは難しい。スポーツやアートで０・１％になるのも難しい。それは天才の領域だ。しかし、平凡な人でも上位20％の実力をいくつか組み合わせれば、０・１％の天才を超える怪物になることができる。

僕の場合を考えてみよう。僕は、プロの作家並みの文章を書くことはできない。大企業のトップのように、手広くビジネスをしているわけでもない。チャンネル登録者数が１００万人以上いるYouTuberでもない。昔に比べればずいぶんましなルックスになったとはいえ、すごいイケメンというわけじゃない。そこそこ身体も鍛えているが、ジムのトレーナーやモデルとは比べものにならない。

この程度のスペックにもかかわらず、最小限の動画で自己啓発系YouTuberとして16万人の登録者を獲得した。この世には僕よりビジネスセンスがあって、お金持ちで、賢くて、話し上手な人は多いが、こうした能力をまんべんなく備えて自己啓発やビジネスのYouTubeをしている人がめずらしかったからだ。

こうして、僕はYouTubeという武器を手に入れた。これを既存の武器と組み合わせ、〈ライジングYouTubeコンサルティング〉〈youtudio（動画編集会社）〉という２つの会社を作ることができた。僕はこの本を出版したら、スマートストアや製造業などに事業範囲を広げるつもりだ。ちょっとしたお金を稼ぐためではない。新しい武器を集めて既存の知識と結合すれば、莫大なシナジーが生まれることがわかっているからだ。

こうした武器は、2~3個のときより、5個以上集まったときのほうがパワーアップする。ここで、すぐに役立つ武器をご紹介しよう。身につけると、すぐに収入アップにつながるものだ。もちろん、これ以外のものでもかまわない。10種類以上のアルバイトを経験したり、市場で働いてみたりすることも役に立つ。ただし、すでにお話ししたように、そのアルバイトに関連した本を読んだり、22戦略を実践したりするのが前提だ。

1．オンラインマーケティング

事業を始めると、自社の商品を販売する日がやってくる。このとき代表的なオンラインマーケティングの方法を知っているだけでも、事業を拡大してアイディアを得るうえで大きく役立つ。一番いい方法は、関連書籍を読むことだ。それほど時間もかからない。もしその時間さえ惜しいなら、Googleで「オンラインマーケティング」を検索してほしい。

a．ブログマーケティング

僕は広告費を一切使わず、ブログマーケティングのみで多くの事業を成功させた。僕の会社〈ＡＴＲＡＳＡＮ〉も〈イサンハンマーケティング〉もブログマーケティングだけで1億ウォンの売上を作った。コンテンツ事業なので、売上の大部分が利益になる。実にもどかしいのは、ブログを「旬が過ぎたもの」だと思っている人が多いという点だ。

僕ほどYouTubeマーケティングでお金を稼いだ人間もめずらしいだろう。YouTubeのコンサルティング会社と動画編集会社を創業し、YouTubeのアルゴリズムに関する本まで書いた。しかし、こんな僕ですら、ブログが相変わらずベストだと考えている。

たとえば〈イサンハンマーケティング〉では、病院や弁護士事務所など、１００カ所以上のブログマーケティングを請け負っている。クライアントは月４００万ウォン以上というけっして安くはないマーケティング費を支払うが、97％以上が契約更新をする。費用対効果が高いからだ。僕の親戚は4年以上、月商６００万ウォンを突破できない事業者だった。ところが、ブログマーケティングの世界を理解してからは毎月4千万ウォンの売上を上げている。

ブログマーケティングに関する勉強はちっとも難しくない。関連書籍を10冊読めばいい。僕も10冊読んで、どの本でも共通して強調されていることをすべて取り入れた。以上で終わりだ。もしその時間もないなら、オンライン講座などにもブログに関する講義があるので、聞いてみることをおすすめする。時間もお金もなくて何もできそうにないという人のために、最後にちょっとしたコツをお教えする。

■タイトルにあなたが伝えたいキーワードを使おう。もし「安山」で「ジム」を経営するなら、このワードをブログのタイトルに入れるだけでいい。「安山」「ジム」がキーワードだ。

■強調したいキーワードをブログの本文の中で5回使おう。

以上、本当にこれだけでいい。ブログを上手に運営するだけでも、自営業者は月1千万ウォンの売上を上げたり、町内で一番の人気店を作ったりすることができる。フィットネスセンター、ピラティスセンター、マカロンショップ、マッサージサロン、スマホ修理専門店など、数多くの業種がここに当てはまる。サービスや品質で勝負する店は多いが、ブログマーケティングを検討したことすらないオーナーも多いからだ。このような場合、「投稿記事の中でキーワードを5回繰り返す」だけでもライバル店を引き離すことができる。

b. インスタグラムとYouTube

ブログと同様だ。関連講座を聞き、本を読んで「こんなシステムでまわっているんだな」と理解しておく。フォロワーやチャンネル登録者を増やすコンテンツの作り方、スポンサー広告、YouTube広告などを検索してみよう。今すぐ始める予定ではなくても、あらかじめ知っておくことが重要だ。こうした知識を習得しておくと、1～2年以内に他の知識と結びついて、ふとした瞬間にいいアイディアが飛び出してくる。関連講座を聞いたり、本を読んだりしてみよう。最初はちんぷんかんぷんでも、一度目を通せば興味が湧いてきて、次第に理解できるようになっていくはずだ。

c．ECサイト

オンライン講座や本、YouTubeなどを参考に、基礎を学んでみよう。ECサイトやネットショップ運営に関する講義はとても多い。すぐにお金を稼げる可能性は低いが、自分の武器を集めていく過程で応用可能なアイディアが生まれるはずだ。

2．デザイン

デザインもとてもコスパのいい技術の一つだ。範囲を絞るなら、ウェブデザインをおすすめする。ウェブデザインのスキルを一度身につけておけば、パワーポイントや動画のサムネイル、インスタグラム、ブログ、ウェブサイトなど、あらゆるところに応用できる。僕がもし20代前半なら、ウェブデザインスクールに通った後、クリエイティブプラットフォームで商品をいくつか売って専門性を高めていくと思う。

ステッカー販売ビジネスに苦戦する26歳の女性がいた。僕は彼女に「あなたにはデザインの実力があるからロゴ制作会社を作ってみたら」とアドバイスした。彼女はロゴ制作の会社を立ち上げ、わずか1年で15人以上のスタッフを抱えて月3千万ウォンの純利益を上げるデザインエージェンシーに成長させた。この他にも、僕が経営するカフェやバーにやってきて「ロゴのビジネスを始めたおかげで、自由を手にすることができました。本当にありがとうございます」と語る20代は多い。

デザイン業界でこうした成功事例が出てくるのはなぜか？　本格的な事業家があまり参入しない分野であり、デザイナーは脳の構造上、事業家タイプが少ないため、ライバルが少ない。だから、ある程度のデザインの実力と経営手腕さえあれば、大成功することができる。典型的な「3〜4個のBランクの武器集め」が通用する市場なのだ。

3．動画編集テクニック

動画編集のテクニックも幅広く活用できる。長い時間を投資して学ぶ必要はなく、2〜3日ほど編集アプリでさらりと勉強するだけでもいい。僕は〈KineMaster〉というアプリで動画編集をかじった。

もっとしっかり身につけたいなら、自分でYouTubeチャンネルを運営してみるとか、知人のチャンネルを手伝うのも一つの手だ。いずれはプロに運営を任せるとしても、ある程度は仕組みを知っておいたほうがいい。僕は「日曜日の昼食の後に2時間だけ勉強しよう」という計画を立てて、3回だけ勉強した。そして編集の勘をつかみ、運営代行を任せたときも細かく指示を出すことができた。その結果、ジャチョンというYouTubeチャンネルが大ヒットした。

4．PDF本の制作と販売

最近、ＰＤＦ本の制作ブームが起こっている。僕の会社である〈pudufu〉では、29万ウォンの本を販売して毎月6千万ウォンの利益を上げている。現在販売中なのは、それぞれジャンルの異なる全6種だ。

29万ウォンの本6種が、一日に各2冊ずつ売れたらどうなるか？　1カ月平均1億ウォンの純利益が出る。『超思考ライティング』というＰＤＦ本を出したときは一日で2億ウォンの売上を上げた。この書き物の本は、その後もクチコミだけで一日10冊ずつ売れて、月1億ウォンを稼いでくれる商品になった。数度のアップデートを経て、現在はより完成度の高いＰＤＦ本になった。一般的な出版物だったとしたら、夢見ることすらできない収益だろう。

出版社を通して定価1万5千ウォンで本を1冊販売した場合、著者にはそのうち10％の1５００ウォンしか入らない。無名作家であれば印税率はもっと低くなる。しかしＰＤＦ本を作って直接販売すれば、1万ウォンの本を一日に10冊売るだけで毎月3００万ウォンの利益が生まれる。もちろん簡単なことではない。しかし、誰にでもできて収益率も高いというメリットがある。

そのため近年ＰＤＦ本の売買が流行しているが、宣伝や決済がしにくいという問題点があった。〈pudufu〉は、こうした不便さをなくすために僕が作った電子書籍のプラットフォームだ。この事業もまた、「五目並べ理論」と「3〜4個のＢランクの武器集め」を踏まえてスタートした。

5．プログラミング

僕がもっとも後悔していることの一つは、プログラミングスキルを習得していないことだ。これを書きながら「数カ月でもいいから、やっぱり習いに行こうかな」と思ったほどだ。プログラミングは数ある武器候補の中でも、最高レベルの武器となる。20代前半で毎月数千万ウォンを稼ぐ人々がいるが、彼らに共通しているのはプログラミングができるという点だ。

このことは、21世紀の新富裕層の顔ぶれを見るだけでもわかる。

時価総額上位の新興企業はどれもＩＴインフラ企業だ。創業者はみんなプログラミングができた。プログラミング能力が強みとなるのは、無限複製のおかげだ。製造業の場合は、原材料の購入や在庫管理、スタッフ管理、生産管理など、数々の作業が延々と続く。製品に問題が生じたら物理的なリコールを実施しなくてはならないし、初期投資費用がかかっているので、売上が伸びても利益の急増にはつながりにくい。しかし、ＩＴ事業であれば、こうしたデメリットが消える。ゲーム産業やフィンテック企業のような驚くべき収益率が実現可能になるのだ。あぁ、今これを書きながら決心した。コーディングスキルを少しでも身につけて、武器をもう一つ増やそうと思う。

ここまでご紹介した武器について、難しく考える必要はない。もし僕だったら、短期集中講座を探して受けに行くと思う。一日講座でもいいし、週1回の4週間コースでもいい。何事も、一度やってみるのと一度もやってみないのとでは大違いだ。

メタ認知
順理者は、主観的な判断しかできない

多くの人々が自由を得られないのは、「判断力」が鈍っているせいだ。自我の影響によって、大部分の人は主観的に判断をする。本能に振り回され、運命の流れに従って生きているからだ。

ここからは、逆行者の知識の核心とも言える「メタ認知」についてお話ししていきたいと思う。ある程度の教養を身につけている人なら、メタ認知という言葉をたびたび耳にするのではないだろうか。数年前は知っている人がほとんどいなかったこの概念が、なぜ突然ブームに

なったのか気になる。しかし言葉だけが独り歩きして、これをきちんと定義できる人もいなければ、この能力を伸ばす方法について具体的に教えてくれる人もいない。今こそ、その概念と重要性が説明されるべきときだと思う。

ひとことで言えば、メタ認知とは「自分の現在の状況を客観的に知る能力」だ。たとえば、年俸1億ウォンにふさわしい価値を持つ人がいるとする（客観的な事実として）。ところが、自己評価は人によってそれぞれ異なる。「俺クラスになると年俸2億はもらわないとね」と自分を過大評価している人もいれば、「私は5千ウォンぐらいでいいのにもらいすぎかも」と考えている人もいる。年俸1億をもらって「これぐらいでちょうどいい」と判断したとしたら、正しいメタ認知力を持っているということだ。このように自分を客観的に認識する能力、これをメタ認知と呼ぶ。

つまり、メタ認知というのは数学や暗記、運動のような能力ではなく、「自分の能力を把握する能力」である。だからこそ、メタ認知はどんな知能より重要だと言われることが多い。習得が難しい、複合的な能力だからだ。これを身につけるには、高い知能、自意識の解体、遺伝子の誤作動を避ける力、試行錯誤する能力や分析力といった総合的な能力が求められる。そう、これらはまさに逆行者が持つべき能力だ。

こんなふうにうまく自己客観視ができれば、意思決定力が高まる。自分に足りないものがわかっているので、それを補おうとして自然と成長していく。優れたスポーツ選手にいいコーチがついているように、自分に足りない部分を自分で見つけて磨きながら成長していく。

しかし、順理者の多くは正反対だ。「私は何でもわかっているから」と思い込んだり、「僕は何をしてもダメだから」と過小評価したりする。これがかの有名な「ダニング＝クルーガー効果」である。頭が悪くて知識がない人ほど、自分を過大評価して自信過剰になりがちな一方、優秀な人は謙虚であるという現象だ。

僕も20代半ばまではメタ認知力がとても低かった。20代後半になって少しはましになったとはいえ、それでも未熟だった。だから、事業の失敗や裏切りを経験したのだ。苦難を乗り越えて30代になり、メタ認知力が高まっていくにつれ、正しい意思決定ができるようになっていった。ただし、メタ認知は短期間でグレードアップできるものではない。

それなら、メタ認知力はどんなふうに伸ばせばいいのか？　僕自身も知りたくて、本当に多くの本や資料を探してみたが、はっきりした答えは見つからなかった。そこで、僕の意見をお話ししたい。メタ認知力を高めるには2つのことが必要だ。読書と実行力である。

ここまで読んできた人は「また読書なの？」と思うだろうから、説明は短めにする。本を読むことの重要性はいくら強調してもしすぎることはない。読書とはそれぞれの時代を生きた立派な人々と会話するようなものだという言葉をお伝えした。だから本を読めばおのずと謙虚になり、自分のレベルがよくわかる。無知による自信の山から、早く下りてくることができる。自分が知っていることと、知らないことを一番はっきり教えてくれるのが読書だ。自意識過剰な人が本を読まずにいれば、自分はうまくやれていると錯覚してしまう。賢明な判断ができず、何も成し遂げることができない。謙虚さがないのは、想像の中で「私は賢い」とひたすら自分に言い聞かせているからだ。

メタ認知力を高める、もう一つの方法は実行することだ。世の中での自分の立ち位置は、実際に行動をしてみない限りわからない。いざ読書を始めると、根拠のない自信が芽生えることがある。「こんな知識を持っている人は私しかいない」といった妄想が生まれてしまうのだ。本を数千冊読んだだけの知ったかぶりが誕生するのはそのせいだ。本を読むと知識が増えて、思考も深くなるが、すぐに現実的な判断力が高まるわけではない。だから実行することによって、自分の判断が合っているのかどうかを検証してみなければならない。

僕は20歳で本を読んで勉強を始め、突拍子もない目標を立てた。全科目5等級前後という状況にもかかわらず、ソウル大学の社会科学部を目指した。数カ月間にわたって数百冊の本を読み続けたことで、自分はすごいと勘違いしてしまったせいだ。今思えば当然の結果に終わった。数百冊の本を読んでも貧しい人がいる理由を考えてみなければならない。実行と挑戦なし

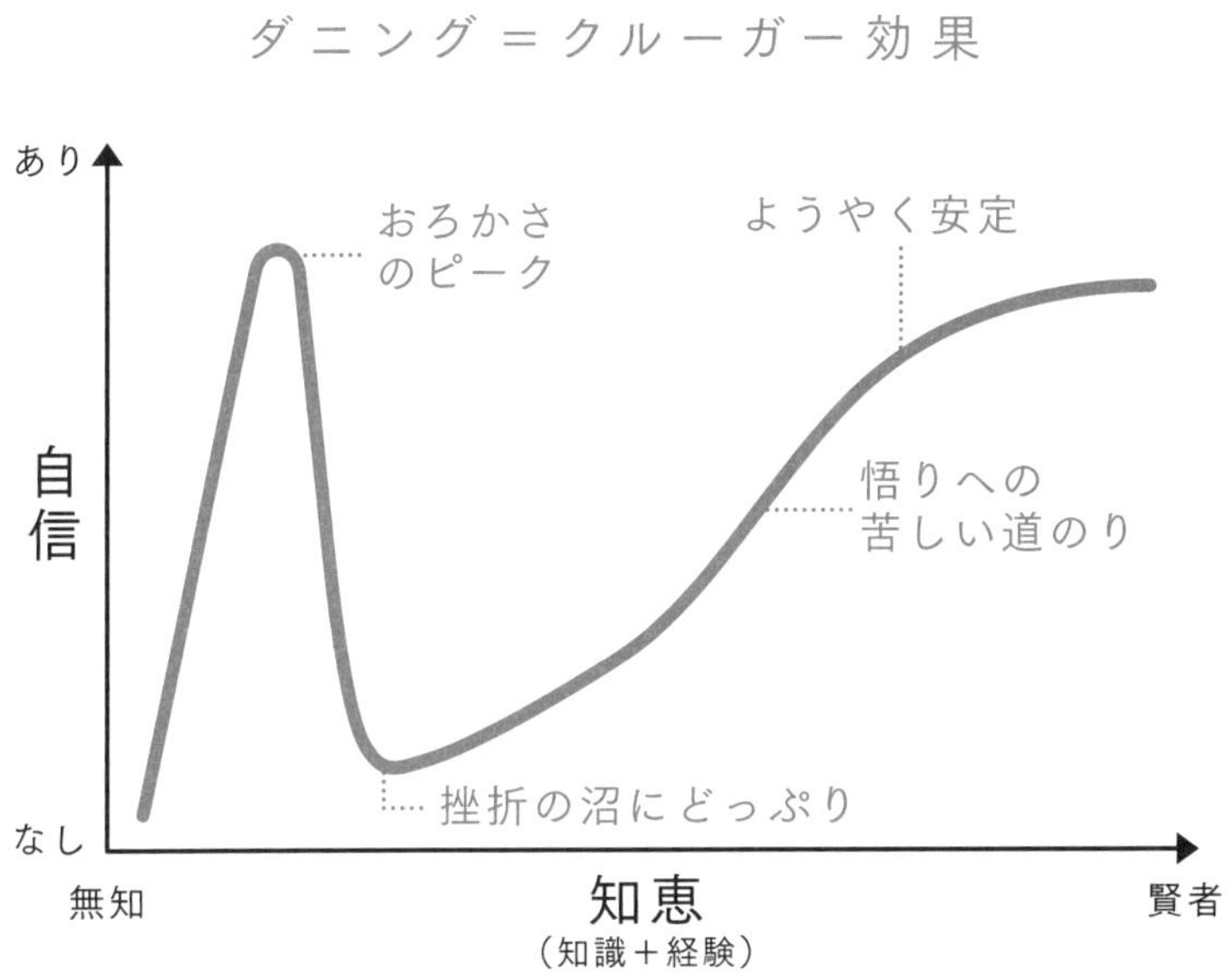

に、ひたすら本ばかり読むのは無意味な行動だ。コーチのフィードバックを受けずに、自己流のトレーニングを続けるようなものなのだ。

僕がビジネスを好きなのは、お金だけが理由じゃない。自分の判断力の結果を数字で確認できるところがとてもおもしろい。大学で哲学を学んでいた頃はそれができなくて、すごくもどかしかった。どれだけ真剣に討論をしても、僕が勝ったのか相手が勝ったのか結局のところわからず、審判もいなかった。テレビで討論番組を見ていても、「で、どっちが勝ったの？」と思うことが多かった。心理学や哲学には正解がない。言い争って、勝ったつもりになってもしょうがない。

でも、ビジネスは違う。「Aというアイテムで、Bというマーケティングをすれば、1億ウォン稼げるだろう」。この考えが合っているかどうかを検証することができる。自分の予想が合っていれば、数字として表れる。どんな言い訳も通用しない。予想が間違っていたら、「自分はまだまだだな」と反省するきっかけになる。この過程でメタ認知力がアップする。現実のビジネスは、僕の考えが妄想なのかどうかを厳しく判定してくれる。*

ビジネスを始めろという話ではない。何かの試験に挑戦するときや、現在の勤め先で任されている仕事があるなら、まずは目標を立てて結果を予測してみよう、ということだ。自分だけの思い込みで自信満々になるのではなく、具体的な目標を立ててから実行してみよう。

試験に必ず合格すると豪語したのに不合格だったなら、準備の段階で何が間違っていたのかを検証すればいい。会社員なら自分の目標を同僚たちに知らせて、達成を目指して精進する。目標を達成できてもできなくても、実行してその結果を検証することによって、メタ認知力がアップする。**

本やネットで見かけた「メタ認知を高める方法」は忘れよう。実際にぶつかることによって、自分がどれだけつまらない存在なのかを認知しながら、脳を最適化しなくてはいけない。ただ単に本の世界にどっぷり浸かって観念の中で生きていくのではなく、実行することによって失敗し、自分の立ち位置を正確に把握しよう。これがメタ認知力を高めるベストな方法だ。

＊哲学：仮説検証が不可能、ビジネス：仮説検証が可能
＊＊「3日間、10分ランニングを10回やる」などの目標もメタ認知力を高めてくれる

実行力レベルと慣性

僕は実行力にもレベルがあると思う。生まれつき、ずば抜けた実行力を持っている人もいるが、99％の人は違う。実行力をレベル1から徐々に高めていかなくてはならない。たびたび説明してきたように、遺伝子と本能のせいで、人間は不慣れなことを恐れる。

原始時代の遺伝子は、ことあるごとに「へたをすれば、おまえは死ぬぞ」とささやく。「この道は失敗が多すぎる！　今のままでも別にいいじゃないか」と誤作動する。

僕がこうして実行力を強調するのは、裏を返せば、何かを実行に移す人がほとんどいないからだ。クルージの項目でお話ししたように、人間はそんなふうに進化を遂げたのだから仕方ない。だから、自分に実行力がないからといって落ち込む必要はない。人間として当然のことだ。YouTubeや雑誌に登場する人を見て、「あんなに積極的な人たちがたくさんいるのに、私は何をしているんだろう」と気を落とさないでほしい。

彼らは人前に出て目立つことが好きな人たちであって、平均的な人ではない。彼らと自分を比べてはいけない。僕も実行力がとても低い人間だ。何かをやりたいと思いつつも、そのことをずっと後回しにしてしまう。僕もまた原始時代の遺伝子に支配される人間だからだ。それでも遺伝子の誤作動を自分に気づかせて、思考を行動に移し、人生の近道に入ったのだ。

次にご紹介するのは、僕が約1年前にブログにアップした文章だ。ここには実行力を上げる方法が書かれている。この投稿を読んだことによって、1万人を超えるチャンネル登録者数を獲得したYouTuberも多い。


人生はとてもイージーだということを1分で証明してみせる。


僕は、1分であなたの人生を変えてみせる。自信がある。

幸せに生きる方法がわかれば、お金は自動的についてくるというのが僕の信念だ。一番重要なのは実行力だ。

お金を稼ぐのは難しいと言う人が多い。でも、僕からすればとても簡単だ。そして、人生で他人より先を行くのは実にたやすい。今から僕が出す3つの課題をやってほしい。それぞれ長くても20分しかかからない。これをやるだけで、あなたの人生は大きく変わると約束する。

1. ブログを開設して、何か一つ記事を書こう（20分タイマーをセットして始めよう）

2. YouTubeのアカウントを作って、自分のスマホに保存されている動画をどれか一つアップしよう（これもタイマーをセットして始めよう）

3．1番、2番をやりたくない人は、最近自分が興味を持っていることのうち、何か一つをやってみよう（20分読書をするなど）

さて、やってみただろうか？　おそらくやらなかったと思う。驚きはしない。100人が読んでも、99人は1項目すら実行しない。これが何を意味するかわかるだろうか？　たった20分しかかからない作業でも、人間はやろうとしない。だから人生は実にイージーなのだ。

100人中99人はお金や、誰かの監視や処罰への恐れが原動力となって動く。本能と遺伝子の命令通りに生きているからだ。だから大部分の人は、平凡から抜け出すことができない。貧しくて、不幸である。能動的に何かを実行する人はごくわずかしかいない。そのため人生というゲームでは、実行力が高い人が簡単に経済的自由を手にする。真の自由を獲得するのだ。

100人中のこの一人は、いつも能動的に動く。この人は命じられなくても何かを実行する。この決断と実行が10回、100回と繰り返されると、人生は一気にイージーモードになる。一度、推進力を得ると、慣性の法則によって実行が繰り返されるようになる。

先ほどの3つを実行してみよう。小さなことを実行したからといって、あなたの人生が1年以内に劇的に変わるわけではない。でも、サイクルを回す最初の行動をしなければ、一生そのままだ。最初の1回が難しい。99％の人は実行しないのだから、一つやるだけでもあなたは難しい一歩を踏み出したことになる。そして、上位１％の推進力を得ることになるだろう。

さあ、どうだろうか？　この文章を読んで、１００人中の3～4人は動き出したのではないかと思う。でも、大多数の読者は相変わらず「経済的自由を得る方法なんかない」「今度でいいや」「私にはできない」と適当に理由をつけて、読み流していることだろう。自意識が新たな思考の吸収を邪魔しているのだ。

「僕の知り合いにもブログとかYouTubeをやっている人は多いけど、ずっと貧乏だよ」
「今すぐやるのはちょっと……明日にしよう」
「嘘くさいな。あなたが本当にお金持ちなのか信じられない。だからやらない」

こんな言い訳で自分を合理化するのはもうやめよう。ずっと本能に操られて生きていくつもりなのか？　20分しかかからない作業なのに、どうしてそんなに文句が多いのか？　黙って実行に移そう。事業が成功したから、と僕に恩返しをしたがる人々の共通点はシンプルだ。彼らは僕がやれと言ったことを、素直に実行したのである。

今、自分に実力がないなら、言い訳はやめてとにかく〝実行〟する習慣をつける必要がある。経済的自由を得たい？　それなら、今日は何があっても前述の3つの課題のうち、どれか一つをやってほしい。実行した人としない人は、まったく違う道を歩むことになるだろう。

CHAPTER 7

逆行者6段階

経済的自由を得る具体的ルートを開拓

寝ている間もお金が入ってくる方法を見つけなければ、あなたは死ぬまで働くことになるだろう

――ウォーレン・バフェット

さあ、ここからはお金を稼ぐステージだ。今までお話ししてきた基本テクニックを身につけるまでは、お金を稼ぐ方法をいくら聞いても意味がない。自意識に邪魔をされ、知識を効率よく習得することができず、遺伝子の誤作動に騙されて、確率のゲームにたびたび失敗してしまうからだ。

基礎的な筋力がついたら、いよいよ〝実践〟に突入する段階だ。どんなに優秀な頭脳や素晴らしいマインドを持っていても、〝テクニック〟を知らなければ自由への到達は遅れてしまう。

このあたりで「それはもうわかったよ。一体いつになったら、お金を稼ぐ方法について話してくれるの?」「そこだけを教えてくれない?」という声が聞こえてきそうだ。僕に言わせれば、そんな質問は筋力がまったくない人が「今すぐベンチプレス100キロを上げられるようになる方法を教えてください!」と聞いているようなものだが、このチャプター7ではその方法を教えようと思う。経済的自由を得るための、具体的な公式を提案するつもりだ。あなたが大企業の重役でも、低スペックの労働者でも、失業者でも関係ない。あらゆるケースに対応した「経済的自由へのテクノロジーツリー」について解説する。

ロナウドやメッシなどの世界最高峰のサッカー選手には、幼い頃から才能があった。しかし、彼らが全盛期を迎えたのは「サッカーを始めてから1年後」ではなく、「サッカーを始めてから約15年後」だ。彼らのようにサッカーがうまくなる方法は次の通りだ。

1. 基本の筋力を鍛える。
2. サッカーの技を15種類に分け、これを毎日練習する。
3. 実際に試合をして、自分のトレーニング方法が合っているかを確認（実行）。試合に何度も負けながら、自分の限界を知る（メタ認知）。
4. 1番に戻る。

こうした地道なトレーニングを数年続ければ、実力は次第に伸びていく。経済的自由を得るステップもこれと変わらない。もしも誰かに「一切練習しなくても、今すぐサッカー選手になる方法があります！」と言われたら、あなたはその言葉を信じるだろうか？

筋力を鍛えることなく、練習もせずに突然サッカーがうまくなる可能性は0％だ。何の努力もしないでサッカー選手になる方法は記録を捏造する以外にない。お金の世界でも同じだ。いきなり大金を稼ぐ方法は詐欺しかない。

ここからは、経済的自由を得る公式について解説していく。事業や投資について僕が悟ったことをお話しして、どんな環境でも応用できる人生のアルゴリズムを提示する。この機会に、よく聞かれる質問についての答えをまとめてみたい。

お金を稼ぐ根本原理

お金を稼ぐということはものすごく複雑で難しく見えるが、根本的な原理は簡単だ。すべては次の2種類に集約される。この原理を無視してお金を稼ごうとすると、詐欺師になったり、何の成功も遂げられなかったりする。

- **相手を楽にしてあげること**
- **相手を幸せにしてあげること**

どうだろう。簡単すぎるだろうか。これがお金を稼ぐ根本的な原理だなんてありえない？そんなことはない。この2つこそが、ビジネスと投資の始まりであり、終わりでもある。この基本なしにビジネスや投資を長く続けることはできない。この原理を無視してお金を儲けようとする人は、次のようなことに手を染めてしまう。

- **株取引で株価を操作する。株価を意図的に変動させて、他の投資家を取引に誘い込み、数十億ウォンの利益を得る。彼らはたしかにお金を稼ぐだろう。しかし、どんな原理で稼い**

だのか？　誰かを楽にしただろうか？　幸せにしただろうか？　いや、むしろ不幸にした。価値あるものを与えず、相手を騙してお金を奪っただけだ。だからこの行為は犯罪なのである。振り込め詐欺なども同じだ。

■何の役にも立たない商品を製造販売するケース。10億ウォンの借金を背負った小さなシャンプーメーカーの社長がいる。商品開発をなおざりにして経営を続けていたせいで、借金は増える一方だ。焦った社長は、虚偽の広告で売上を伸ばそうとする。実証されていない効果を謳い、レビューを捏造した。広告に騙されてこのシャンプーを買った顧客はがっかりして、二度と購入することはない。購入者はお金を失い、ゴミだけが増えた。顧客と世の中に何の利益ももたらさない企業は潰れるしかない。

ところが、SNS広告を見ていると、このようなおかしな事業者が意外と多い。お金の稼ぎ方を教えると謳うセミナービジネス業者も同じだ。犯罪とまではいかなくても、約束した価値を提供できないビジネスはいずれ崩壊する。

結局、お金稼ぎの核心は「問題解決能力」*にある。人はどんなものに不便を感じているのか、どんなものに幸せを感じているのかを把握しなければならない。そして、どうすれば不便さを解消して幸福感をもたらすことができるかを考えて、解決策を用意すればいい。そうすれば、お金が稼げる。

＊この能力を育てれば、自然とお金持ちになれる

問題解決能力のレベルを上げること。言うのは簡単だが、誰にでもできることではない。だからこそ、貧しい人とお金持ちになれる人の差が生まれるのだ。

事業とは、親に資金を出してもらってテナントを借りてカフェを開く、といったような甘いものではない。カフェというビジネスを展開して成功に導くにも、問題解決能力が必要だ。すぐ潰れるカフェは、オーナーに問題解決能力がないせいで潰れてしまうのだ。どんなビジネスにも問題点があり、これを解決した人がお金を稼ぐ。

たとえば、次のような問題点を解決したカフェは繁盛店に近づくだろう。ビジネスは「お金を稼ぐゲーム」ではなく、「問題を解決するゲーム」だということを忘れないでほしい。

1. 立地エリアに人通りが少なく、500世帯しか暮らしていない。これでは純利益がわずかしか残らない。

↓近所の人だけでなく、他のエリアからもお客さんがやってくるようにすればいい。Google Mapなどで「〇〇（エリア名）カフェ」と検索すると上位に表示されるようにSEO対策をし、インスタグラムを利用して一日2人ずつでも他のエリアからのお客さんが訪問するように工夫する。

2. カフェのインテリアを自分の好みで選ぶ。

↓全国の個人経営カフェのうち、自分の店と規模が近くて人気の高いカフェを巡って市場調査をする。*その共通点をうまく組み合わせて、プロのインテリア業者に任せる。

3. 他のカフェで流れている音楽はイマイチだからと、自分好みの音楽を流す。
↓自意識に囚われて自分のセンスを信じてはいけない。2と同じように、繁盛している個人経営のカフェをすべて巡り、どんなジャンルの音楽をかけているのかをチェックする。**

4. アルバイトが言うことを聞かない。不親切だ。まったくこれだからMZ世代は。
↓アルバイトスタッフの能力をいかに引き出せるかは、オーナーの力量にかかっている。何でも他人のせいにするのは、順理者がやることだ。感じのいいスタッフが多く働いている他のカフェを参考にしてみよう。また、アルバイト募集の告知の内容も見直してみよう。

5. 自分では親切な接客をしているつもりだが、レビューを見ると評価がよくない。
↓潰れたカフェのオーナーはみんなそう考えていたはずだ。自分が接客しているときの動画を撮って、自分でチェックしてみよう。家族や友達にも動画を見せて、改善点を尋ねよう。フィードバックをもらうときは、自意識を抑えて、謙虚な気持ちで受け止めよう。

＊参考になるインテリアを必ず見つけなくてはならない。あなたのアイディアはゴミ箱に捨てよう
＊＊共通点を探せ！

6. メニューの原材料費が高い。これでは稼ぎにならない。

↓少しでも仕入れ値が安く抑えられる業者がないか、リサーチしてみよう。また、カフェのオーナーが集まるインターネットコミュニティなどに参加して情報を集め、卸業者数十社に見積もりを取って比較してみよう。いっそ、個人で通販を利用したほうが安いかもしれない。価格を比較して最適化しよう。

この世でお金を稼ぐ行為には、すべて「頭脳」が介入する。問題を解決できる人は、お金を稼ぐことができる。何が問題なのかすらわからない、解決能力のない人は貧しくなっていく。

そろそろ「問題解決能力はどんなふうに鍛えればいいの?」という質問が出てくる頃だろう。それについては何度もお話しした。22戦略を実行して、読書と書き物をすればいい。脳の筋肉を鍛えるこれ以上の方法はない。脳の自動化を一度セッティングしておけば、どんどん知能が発達して、問題解決能力がアップする。そして、その結果は「お金」となって表れる。

問題解決能力が高まると、人々が悩んでいる多くの問題を解決できるようになる。また、いいアイディアをプラスして効率性を高め、スケールメリット［事業規模が大きくなるにつれて、単位当たりのコストが下がり、競争において有利になること］を生むことができる。これを一人でこなせば、月収1千万ウォンの自動収益化も可能だ。さらに大きな問題を、数人で集まって解決するようになったものが会社や企業である。

どんな形であれ、「他人の問題を解決すること」。これが事業の本質であり、収益の源だ。では、具体的にはどんな事例があるのか？

人を楽にする仕事には、次のようなものがある。

1．ごはんを毎回炊くのは面倒だし、残ったごはんが傷みそうで心配だ。
↓パックごはんによって、この問題を解決した会社は大金を稼いだ。
2．ワイシャツをクリーニング屋に預けたり、自宅で洗濯して畳んだりするのが面倒だ。お店まで行くのも手間がかかる。
↓玄関の外に出した洗濯物を回収して、クリーニング後に畳んで配達してくれる非対面サービスが人気を呼んでいる。
3．組み立て家具の設置は面倒だ。特に一人暮らしの場合、大型の家具を組み立てるのは難しい。
↓こうした家を訪問して、家具の組み立てを代行するサービスでお金を稼ぐ人がいる。

人を幸せにする仕事には、次のようなものがある。

1．芸能人はルックスと才能によって、人に幸せな気分をもたらしてお金を稼いでいる。
2．笑える動画を企画し、YouTubeにアップしてお金を稼ぐ。
3．誰もが楽しめるゲームを制作してお金を稼ぐ。
4．Netflixは全世界の人におもしろいドラマを提供してお金を稼いでいる。

ふだん何も考えていない人は、単純な発想しかしない。*

「パックごはんは発売のタイミングがよかったんだね」

「Netflixは映像をオンラインで売って大金を稼いだんだね」

事業をしている僕からすれば、あまりにも一次元的な思考に見える。パックごはんが完成するまでには、実に多くの問題解決が必要だった。彼らが直面したであろう問題の一部は次の通りだ。

■ごはんを長持ちさせて、賞味期限を延ばすにはどうすればいいか？

■賞味期限を長くするために食品添加物を加えると、健康に悪影響があるかもしれない。

＊順理者の思考スタイル

- **この問題点をマスコミに指摘されたら、会社存続のピンチに陥るかもしれない。**
- **固いごはんをあたためて、炊飯器で炊いたごはんよりおいしくするには？**
- **生産時、工場とはどう交渉すべきだろうか？**
- **流通の効率を上げるにはどうすればいいだろうか？**

こうした問題の解決に挑んだことによって、パックごはんの企業はお金を稼ぐ資格を得た。

「パックごはんのような商品は大企業でしか扱えないから難しすぎる」って？

僕は今朝、YouTubeで「3日間の窓拭きで1年分の給料を稼ぐ35歳」の映像を見た。この男性が問題を解決した方法は簡単だ。「窓拭き」を探しているビルオーナーは多いが、業者の情報は見つかりづらい。仕事を頼みたいときは、偶然見かけたチラシの番号に電話をかけるぐらいしか方法がない。35歳の男性は自社ブログを立ち上げることによって、この問題を解決した。ここに利用者レビューや実例写真を載せておけば、他の業者よりも信頼度が高まる。「釜山市倉洞の窓拭き」などのキーワードをブログに入れて、ビルオーナーが窓拭きの業者を探す煩わしさを解消した。彼は日当50〜100万ウォンを稼ぎ、大企業の工場などの窓拭きでは3日で2500万ウォンもの利益を出すという。他人が不便に感じていることを問題解決能力によって解消したおかげで、お金を稼ぐことができたのだ。

事例を読みながら、「私にはできない」という気持ちになるかもしれない。しかし、事例は事例に過ぎない。逆行者7段階モデルを繰り返し実践すれば、クリエイティブな新しいアイディアが自然と浮かんでくるはずだ。次にご紹介するのは、僕がお金を稼いだ方法だ。アイディアを探している人にとって役立つことを願う。

僕がお金を稼いだ方法1

恋人との別れに苦しんでいる人が多いという事実に着目したビジネス、ATRASAN〔恋愛コンサルティングサービス〕を立ち上げた。

数年のトレーニングを受けたカウンセラーが恋愛相談に乗る。10年に及ぶ1万件のカウンセリング実績があるため、公式ブログではこれを理論化して無料コラムとして提供している。

顧客は恋愛問題で何カ月も不幸を感じてきたか、愛する人を失うかもしれないという恐れを抱いている。相手と復縁させてあげたり、別れの理由を教えたりすることによって、顧客が感じている苦しみを大きく減らす（別れの苦しみは理由がわからないせいで発生することが多い）。また、恋愛に関する知識を大幅にグレードアップさせる。その結果、顧客は幸せを取り戻し、僕は毎月1億ウォンを稼ぐ。

僕がお金を稼いだ方法2

弁護士、病院経営者、税理士、歯科医師など、マーケティングに悩む専門職従事者や事業者は少なくない。彼らは自分のサービスを世間に知らせる方法がわからず、悪徳マーケティング業者に騙されたり、特に効果を感じられなかったりしたという苦い経験を持っている。

僕が立ち上げた〈イサンハンマーケティング〉は専門職に特化したマーケティングのノウハウを活かし、500万ウォンの費用でなんと1500万ウォン以上の宣伝効果を出す。そのため、顧客の97％が契約を更新する。専門職以外の業種もほぼすべて網羅しており、「ご満足いただけない場合は全額返金」と謳っている。

一般的に、マーケティング会社はさも効果があるかのように営業トークをするが、うまくいかなくても責任を取ってくれるわけではない。だから、顧客はマーケティングを任せることに不安を感じる。これを解決したのが「全額返金保証制度」だ。問題解決能力の高い人材を集めた〈イサンハンマーケティング〉だからこそ可能な制度である。結果的に顧客の不安を解消*することになり、我が社は国内最高クラスのマーケティング企業として毎年成長を続けている。

僕がお金を稼いだ方法3

逆行者7段階モデルを作って共有することで、運命の順理者として生きる人々が遺伝子の誤作動から脱し、体系的に能力を伸ばしていけるようにサポートした。無駄な試行錯誤を減ら

＊今日一日、人は何に不安を覚えたか、何に不便を感じたかを考えてみよう

し、はっきりとした方向性を示して、経済的自由への近道を解説した。この対価は後日、どんな形であれ必ず返ってくる。便利さをもたらすこと、幸せにしてあげること。この2つを贈れば、お金は後から勝手についてくることになっている。『逆行者』が２０２２年に40万部も売れて、これまでに10億ウォンを稼いだ。

僕がお金を稼いだ方法4

僕は自分のYouTubeチャンネルで「僕が経済的自由を手にした方法」を公開した。おすすめ本を紹介しながら「本を読まなければ人生は変わらない」というメッセージを伝えた。YouTubeを始めたのはお金稼ぎのためではなく、「ドブのような人生でも変えられる」ということを多くの人に伝えたかったからだ。そのおかげで、YouTubeを引退してから始めたオンラインセミナーの「０円起業講義」は35億以上売れた。現在は事実上無料で情報を公開している。

僕がお金を稼いだ方法5

江南に住んでいる人はブックカフェに行きたがる。しかし江南は地価が高く、また自然を感じられる場所が少ない。僕が経営する〈欲望のブックカフェ〉は、江南の中心地にありながらとても閑静な坂の上に位置していて、素敵な眺めが楽しめる。ルーフトップで日差しを浴びながら読書をすることもできる。人々に快適さと幸福感をもたらす空間だ。このように、僕はウイスキーバー、和食フュージョンレストランなどのオフライン事業も拡大していった。

もしかしたら「専門知識も資金もない私はどうすればいいの？」という人がいるかもしれない。でも、人を楽にしたり、幸せにしたりする仕事が身のまわりにないか考えてみるといい。家具組み立てサービス、トイレの詰まりの修理サービス、ゴミ処理代行サービスなど、チャンスはいくらでも身近なところにあるはずだ。

さて、ここからはより現実的なお金稼ぎの方法について説明していこう。

「経済的自由」という城を攻略する方法

僕たちは、生まれたときから人間関係や家族、愛、お金、時間といった多くのものに縛られている。こうした制約を一気に解決したり減らしたりしてくれるものがまさに「お金」である。お金はたいていのことを解決してくれる。あるいは、解決までにかかる時間を大幅に減らしてくれる。だから、人は「経済的自由」を手にしたいと夢見るわけだ。経済的自由という城を攻略すれば、天下を平定する自由の基礎を手にすることができる。

経済的自由という城を守るために、100万人の兵士が駐屯していると仮定しよう。あなたはこの城を占領しようとしている敵軍のいち「兵士」で、1時間当たり一人の兵士を倒せるとする。毎日休みなく戦えば、1年に約8千7百人を倒すことができる。10年でやっと8万7千人だ。つまり、一生かけても城を攻略することはできないのである＊。

一方、1時間にもっと多くの兵士を倒せる人もいる。「将校」だ。医師、弁護士といった高所得の専門職や、大企業の役員などがこれに該当する。時給の高い彼らにはパワーがあり、1時間当たり5〜10人を倒すことができる。

兵士よりは長所が多いが、将校もまた、経済的自由という城を攻略するには多くの時間がかかる。自由を手にする頃にはすっかり年老いている。

最後に、1時間当たりの成果が大きいだけではなく、たくさんの兵士を率いている人がいる。「最高司令官」だ。最高司令官は大勢の兵士を指揮する。寝ている間も、兵士たちが代わりに戦ってくれる。ここでの兵士とは、従業員だけを意味するわけではない。不動産投資をしている人は、旅行中でも自動的に収益を得る。売れる本を出版した作家は、海外にいる間も印税を稼ぐ。このように「城を攻略するために代わりに戦ってくれる兵士」を持つ人を、ここでは最高司令官と呼ぶ。企業の社長、売れっ子作家、売れっ子YouTuber、オンラインセミナー

＊お金の奴隷

のカリスマ講師、株式投資家、不動産投資家、地主などがこれに該当する。彼らは自分で働くよりも、他の手段で間接的にお金を稼ぐ。小さな店の社長でも、自分の時間をすべて捧げてお金を稼いでいるなら、それは最高司令官ではなく、将校やいち兵士だ。

兵士 時間制でお金を稼ぐ人。一生頑張っても経済的自由という城を攻略できる確率は低い。

将校 時給の高い仕事をしている人。経済的自由という城を手にする可能性はあるが、若さをすべて捧げることになる。

最高司令官 兵士と将校を指揮してお金を稼ぐ。自分に代わって働いてくれる兵士は、不動産や出版物、事業体かもしれないし、YouTube動画や株の収入かもしれない。

経済的自由を手にするには、まず兵士の身分から抜け出さなくてはならない。せっかくなら、将校になろう。兵士として時給労働で稼げるお金には限界があるからだ。将校になり、さらに最高司令官になれば、寝ている間も兵士たちが敵を倒してくれる。もし購入した不動産があったり、株式投資をしたりしていれば、知らないうちに兵士たちが自分のために戦って収益を出してくれる。こうした部隊を多く持っていればいるほど、経済的自由を手にする日は近くなる。事業をシステム化したり、いいアイディアを具現化したりすると、こうした部隊が雪だるま式に増えて、仕事をしなくてもお金が入ってくるようになる。投資家であれば、お金がお金を稼ぐ構造が完成する。

こういう話をすると、おそらく「それはいい大学を卒業して、いい会社に通っている、頭のいい人にしかできないことだよ」という意見が出てくるだろう。10年前だったら、僕も自分には関係のない世界の話だと思って聞き流していたはずだ。

だが、気を落とすことはない。キャラクター理論を思い出してほしい。僕たちの周りにも、末端の兵士から最高司令官にのし上がった人が大勢いる。

日雇い労働者だったYouTuberのネンチョル[*]、地方の工場で少女の頃から住み込み工員とし

*

て働いていたKelly Choi*、30歳までナイトクラブのバンドマンだったソン事務長**、この3人はどうなったか？　現在は、数百億ウォンの資産家として知られている。

また、地方大卒のニートで36歳まで苦しい生活を送っていたYouTuberのキム作家***は、わずか3年で「部隊」を作り、推定1億ウォンの月収を稼ぎ出している。では、こうしたYouTuberにとっての兵士とは誰なのか？　動画の撮影や編集を担当するスタッフ？　そうかもしれない。でも僕が思うには、チャンネルにアップされた膨大な数の動画すべてが兵士だ。この動画はYouTuberが寝ているときや旅行に行っているときも、視聴者が抱える問題を解決して幸せな気分をもたらすという仕事を続けている。登録者が願っているものを与え、関心とクリック数を得ることに成功している。

こんなことを言う人がいるかもしれない。

「そりゃあ、あの人たちは超人気YouTuberですからね。いいコンテンツを作る特別な才能を持ってるんでしょ」

では、僕の親友であり、僕のYouTubeチャンネルの登録者であるチョン・スンホの話をしてみよう。彼は7年間会社勤めをしていたが、給料はもらうそばからすべて使い果たしていた。そんなある日、ひょんなことから投資を学び、2年かけて元手を貯めた。そして気に入っ

*　**　***

た不動産を買おうとしたが、お金が足りなかった。そこで、築年数は古いが立地のいい物件を借りて、無人の勉強カフェをオープンした。この勉強カフェが大成功して、2年で13店舗にまで増え、現在は月1億ウォン以上の収益を上げている。

平凡なサラリーマン生活を送りながら、不動産投資によって経済的自由を手に入れた人は数えきれないほどいる。彼らは不動産という兵士を集めた結果、資産家になることができた。逆行者7段階モデルに忠実に、レベルアップをして結果を出したのである。

僕も多くの部隊を持っている。マーケティング会社や恋愛コンサルティングサービス、電子書籍プラットフォームなど、ビジネスの幅が多岐にわたるので、兵士の種類も多様だ。

この本もまた、僕の兵士の一人だ。いただいた印税は全額寄付しているので直接的な収益はないが、僕が手がけるビジネスの評判に少なからずいい影響を及ぼしてくれている。

いきなり毎月数千万ウォンを稼ぐ将校や最高司令官になることはできない。月100万ウォン、30万ウォン、いや、5万ウォンでもいい。小さな兵士を少しずつ増やして、経済的自由を得る戦いに参加させよう。*

＊10分ランニング、10分ライティングなど、小さな目標を達成していくと、実行力が生まれる

あなたがサラリーマンでも、19歳でも50歳でも

経済的自由という城を攻略するには、兵士が必要だとお話しした。では、この兵士というツールを動員して城を攻略する戦略には、どんなものがあるだろうか？

大きく分けて2つある。サラリーマンでも日雇い労働者でも、経済的自由に向かう戦略は結局この2つに集約される。

1つ目は事業、2つ目は投資。あなたがサラリーマンであっても、ニートであっても同じだ。どこから出発しても、最終的にはこの2つに向かうことになる。

僕は経済的自由を得た人のことをじっくり調査してきた。* それぞれのスタートは違ったが、彼らに共通していたのは「投資を始めた」という点だった。

本書の読者には50代以上の方もいらっしゃるだろうから、僕の母の話をする。母は50代近くになるまでに自分から勉強というものをしたことがなかった。商業高校を卒業し、大学には行っていない。そして生保レディ、ローンのセールス、大型スーパーのアルバイトなどの仕事を転々としていた。

＊どれだけお金があっても、時間的自由がない人は除く

そんなある日、いつまでも借金を背負って生きるわけにはいかない、と公認仲介士の勉強を始めた。48歳のときだった。不動産仲介業の資格をかろうじて取得（ボーダーラインの60点でギリギリ合格した）した後、積極的に投資を始めた。

そしてどうなったか？　10年強で数十億ウォンを手にした。50代まで無一文だった母が投資によって数十億の資産家になったのだ。母は生まれつき頭がよかったわけではない。頭がよかったなら、48歳まで借金だらけの人生を送っていただろうか？　偶然、不動産仲介業を始めて投資に目覚めたが、その決断が功を奏したのだ。

ここまで読んだ人はすでにお気づきだろうが、投資は多数の兵士を率いるいい方法だ。特に不動産投資はお金を出して購入した物件が再びお金を稼いでくれるという形で、経済的自由という城を攻略する。

僕もそうだが、20～30代で経済的自由を手にした人は事業をしている。事業も数多くの兵士を集めるのにいい方法だ。たとえば焼肉屋を始めるにしても、しっかりシステムさえ作っておけば、自分がいない間も戦ってくれる兵士たちが生まれる。経営、マーケティング、接客などを徹底して、うまくまわるシステムさえ作れば、3～4店舗を経営することができる。

事業は投資とは違って、直接的に製品やサービスを人々に提供して問題を解決し、満足感を与えるものだ（「投資」とは、「事業」にお金を出すことだ）。自分が積極的にアイディアを出して、製品やサービスを開発し、会社を経営するおもしろさがある。

また、優れた中間管理者を選ぶと、その兵士が将校となって、他の兵士を鍛えてくれることもある。事業アイテムを上手に選び、適切なタイミングでふさわしい顧客に販売すれば、投資を大きく上回るリターンが得られるという点も事業の醍醐味だ。アイディアが豊富で、あれこれと製品やサービスを生み出して世に出すことに楽しさを感じるタイプなら、事業を検討してみるといい。

難しく考えなくていい。先にお話ししたように、脳の自動化*によって問題解決能力が高まれば、問題を見ようとしなくても見えてくるようになる。

そして、解決策やアイディアが自然と頭に浮かび、結果としてお金が入ってくる。

僕は大学在学中に始めた22戦略を25歳まで続けて脳を鍛えた。ある日、僕は別れの苦しみを味わい、この問題を解決する公式を発見した。別れは、この世のすべての人が体験する問題だ。僕はここから復縁カウンセリング事業のアイディアを得た。意図したわけではなく、自動的に思い浮かんだのだ。基本テクニックを身につけると、このように自動的にお金を稼げるようになる。

さて、あなたはそろそろこう言い出すはずだ。

＊脳の自動化を必ず復習すること

「フードデリバリーのバイトをしている僕なんかには無理だよね？　投資の元手もないし……」*

「私は会社員なんです。開業資金を貯めるとしても、すごく時間がかかります」

「私は自営業者だから忙しくて、その日を生きるので精一杯です」

そう、誰もが資金と時間が足りないと言う。でもここまでにお話ししてきた、悪条件の中で成功した人々は、あなたより条件に恵まれていただろうか？　条件は同じだと思う。いや、もっとはっきり言えば、彼らの状況のほうがはるかに悪かった。

あなたは無意識の思い込みに邪魔されているだけであり、脳の最適化ができていないだけだ。あなたがサラリーマンでもニートでも、19歳でも50歳でも、次にご紹介する方法で、投資と事業の準備を始めるのがベストだと思う。

経済的自由を手にするための5つの学習法

僕は、若くして財を成した人の「共通の公式」を見つけるべく、数十人に話を聞いた。そして、「この方法を実践すれば経済的自由に到達できる」という5つの学習法を知った。テニス

* あなたがどんな言い訳をするかはすべてわかる。かつての僕の言い訳と同じだからだ

を上達させるには、正しい方法で地道に練習を重ねるしかない。

同じように、経済的自由に到達するには、「正しい方法」で「長く練習」を続ければいい。世間一般の人々は正しい方法をそもそも知らず、お金を稼ぐ練習はできないと考えている。

そのせいで、ロトなどの宝くじや、ギャンブルなどで一攫千金のチャンスを狙うという極端な道に走ってしまう。そんなやり方では、けっして順理者の人生から抜け出すことはできない。ここからは、逆行者になった数十人の成功者に見られる5つの共通点をご紹介する。

1．キャラクターの変化

『サラリーマンよ　富者になって引退せよ』の著者で、不動産投資家のノナウィは、かつて経済的自由を否定していた。大企業で9年働いて3千万ウォンを貯めた彼は、書店で財テク本コーナーの前を通り過ぎるたびに「あんな本は負け犬が読むもの」「どうせ投機家の話だろ」と思っていたという。そんなある日、彼は上司が解雇される姿を見てショックを受ける。

明日は我が身だという恐怖から、それまで嫌っていた不動産投資の本を読み、考えがすっかり変わった。そして、会社勤めを続けながら、少額で不動産投資を始めた。3年後、ノナウィは純資産20億ウォンを手にすることになる。

ノナウィのエピソードは、キャラクターの変化がいかに重要かということを教えてくれる。お金を稼ぐ気になったなら、彼のように生存の危機を体験すべきだが、そのためにはひとまず何かを始めなくてはならない。現状に甘んじているだけでは、生存の危機を体験することはない。

意図的に何らかの決定的事件を起こしたり、副業に挑戦したり、勉強会に参加して自分がつまらない人間であることを確認し、「こんな人生ではいけない」という感情を体験しなくてはならない。あなたがすでに経済的に自由なのであれば、こんな行動を起こす必要はない。でも、そうではないのなら、こんなふうに自分で自分のキャラ変をする試みが必要だ。

また、ノナウィの事例は、ネガティブな自意識がいかに人間の可能性を狭めてしまうかということを教えてくれる。つい数年前までは、大っぴらにお金の話をしたり、財を築くことに興味を見せたりすると、周りの人からおかしな目で見られたものだ。いまだに「お金を稼ぐ」と言うよりも、「経済的自由」という遠回しな表現が使われることのほうが多い。だからこそ、僕は逆行者7段階モデルを何度も強調するのである。ノナウィがこのモデルを知って実践したという話ではない。僕が作った逆行者7段階モデルは、数多くの成功者の事例と僕自身の経験に裏打ちされているということだ。

2．20冊の法則

ジハンと起業の準備を始めたとき、僕が最初にやったのは、20冊のマーケティングの本を読み込むということだった。お金も経験もなかった僕にとって、読書はとてもいい方法だった。

山積みの本を何度も読んでいるうちに、多くの気づきがあった。オンラインマーケティングはもちろん、脳科学を活用して消費者の無意識を刺激するニューロマーケティングについても理解することができた。そして、オンラインビジネスを始める方法がわかった。こうして得た知識をすべて取り入れた結果、復縁カウンセリング事業は瞬く間に大成功を収めた。

本を20冊読むと、何が起こるのか？　あなたの頭はその内容でぎっしり埋め尽くされる。「ハンマーを持つ人にはすべてがクギに見える〔心理学者アブラハム・マズローの言葉〕」ように、マーケティングの本を20冊も読むと、世間のすべてのものがマーケティング事例に見えてくる。思考が自然とそちらに向いて、今までとは違う自分に変わっていく。

あなたがもしカフェを作りたいなら、カフェに関する本を20冊買って読んでみよう。断言するが、ほとんどのカフェのオーナーはまったく本を読まず、直感や経験だけを信じてカフェを始める。過剰な自意識を持ち、自分の思い通りになると考えている。結果はどうだろう？

数軒は運よく成功するが、大部分が潰れてしまう。長い目で見れば、どんな店もいつかは潰れる。でも、宇野隆史の『トマトが切れれば、メシ屋はできる　栓が抜ければ、飲み屋ができる――居酒屋の神様が教える繁盛店の作り方』〔日経BP、2023年〕のような本を数冊読んだ人のカフェは、その街で1～2位を争う人気店になるだろう。

「本なんか読んでも意味ないよ。自分のやりたいようにやれば大丈夫」という考えはあまりにも傲慢で自信過剰だ。こんなふうに本能と遺伝子の操り人形になっていたら、けっして勝利は収められない。何かを成功させたいときはまず、それに関連した本を最低10冊は読もう。失敗する確率が格段に下がるはずだ。

3．YouTube視聴

映像の視聴は読書に比べると、脳の最適化という面でも、学習という面でも効率が悪い。その代わり、脳をあまり使わずに済むというメリットがある。読書や書き物に飽きたときは、投資や事業に関するYouTube動画を見るのも一つの手だ。せっかく見るなら、起業、企業経営、不動産投資や競売、株式投資など、幅広い分野のインタビューを見てほしい。一日に3本以上、メモをとりながら見ること。そして、視聴後に感じたことや学んだこと、内容の要約などをブログにまとめておけば完璧だ。

いろいろな動画を見ていると、「詐欺っぽい」「怪しい」といったコメントがついていることがある。ほとんどは成功者に対する嫉妬からの批判だろう。粗探しをしようとせずに、学ぶべき点は素直に学ぼう。YouTubeのアルゴリズムで初心者にまでおすすめされるほどのYouTuberなら、投資や事業に関しては、自分よりはるかにレベルが高いはずだ。特に学習の初期は何に対しても批判の意識を持たずに、なるべく多くの情報を吸収したほうがいい。

もちろん、僕から見ても実際YouTubeには詐欺師も多いし、いわゆる〝中身のない〟有料セミナーを販売している人も多い。しかし、そんな彼らからも学ぶ点は確実にある。あなたの現在の月収が1千万ウォン以下なら、選り好みせずにすべての情報を一度受け入れればいい。

僕が20歳の冬に読んだ200冊以上の本は、現在の僕の基準からすれば低レベルなものがほとんどだったかもしれない。それでも、その本の著者は当時の僕のレベルより圧倒的に優れていた。本を1冊出すというのは、かなりの自信と実行力、そしてコンテンツ力を持っていなければできないことなのだ。YouTubeでも本でも講義でも、それは同じだ。現在の自分のレベルより少しでも高い面があるなら、何かしらの学びがあるはずだ。

4. 文章を書くことによる超思考セッティング

22戦略の項目で説明したように、文章を書くことは脳を発達させるために最適な方法だ。僕は周りの人に何と言われようが、毎日30分をこれに投資した。平凡な人生を送っている人の忠告に従うのではなく、成功者の共通項である「書く習慣」を続けるべきだと信じた。*

脳科学的にも、書くことは脳の論理性を向上させ、知能を高めて、考えを整理するためにベストな方法だ。15年が流れ、僕の仮説**は正しかったことが証明された。僕は自分が夢見ていたよりもはるかに理想的な生活を送っている。

ここで簡単な課題を出す。今読んでいる「経済的自由を手にするための5つの学習法」を

＊これが「逆行」だ
＊＊僕も当時はこれが正しいのかどうか不安だった

テーマに、ブログを書いてみてほしい。書くことによって復習ができ、考えが整理される。著者である僕について書いてもいいし、『逆行者』に関するレビューや批判を書いてもいい。

本を読んでいる最中は完全に理解できたような気がするが、いざその内容を書いてみようとするとうまくまとまらない。これは、頭の中でまだ思考が整理されておらず、理解できていないということだ。文章にまとめるという作業を行うと、あやふやな情報と論理を補うために脳が活性化し、学習効果が高まる。新しく得た情報が長期記憶化され、応用可能な知識に変換される。知識を実生活に活かせるようになるのだ。脳全体を使って文章を書くことで脳細胞が増え、知能が向上していく。

僕は主にブログに文章を書いているが、ブログに限らず、自分の書きやすいメディアを使えばいい。数カ月後や1年後、あるいは10年後に自分の文章を読んで満ち足りた気分になることもあれば、復習に役立つときもある。僕は数年前に読んだ本の内容を復習したくなったら、自分が書いたレビューを検索する。本を読み返さなくても3分で復習ができるので効率的だ。

5・オンラインを越えて、オフライン学習へ

ここまでにご紹介した読書、YouTube視聴、文章ライティングは、自分一人でする学習法だ。5つ目の学習法は、集団の中に入って遺伝子の誤作動を逆に利用する方法である。有料オンラインセミナーの世界に飛び込もう。

有料オンラインセミナーに参加を申し込むと、「私は投資や事業のセミナーにお金を使った人なんだ」という意識が芽生える。

無意識のうちに、事業や投資について考える機会が増える。いつの間にか関心が高まって、関連映像を見たり資料を探したりするようになる。いわゆる脳の自動化が完成するわけだが、これはセミナーを聞いて具体的な情報を得るのと同じくらい重要なことだ。だからこそ、何かを学ぶときは多少お金を使うことをおすすめする。余裕があれば、少額でいいので投資してみてほしい。

とはいえ、僕もこういうセミナーを受けようとするたびに、ついつい「お金を稼ぐ方法を学ぶためにお金を出すなんてもったいないな」と思ってしまう。起業に関するセミナーを開催して歴代最高の収益を上げた僕ですらそうなのだから、他の人はなおさらだろう。僕はこんなとき、「二十数万ウォンの投資が数千万ウォンの利益になって返ってくるかもしれない。期待値の高い賭けをしよう。確率ゲームをするんだ」と考えるようにしている。

オフラインのリアルセミナーはどうだろう。リアルセミナーに参加すると半日を費やすことになるが、そうするだけの価値がある。自分と同じ分野に関心を持つ人、そして講師に出会える。このとき発動する遺伝子の誤作動がプラスに作用するのだ（「キャラクター設定」と「クルージ」を逆に利用するテクニックだ)。

脳は、自分が属している集団の中でよしとされている思考に価値を感じる。オフラインの不動産投資セミナーを聞くだけでも「私は投資セミナーを聞きに行くほど勉強熱心な人間だ」という新たなキャラ設定が生まれる。また、その集団内では投資の達人がもっとも優れた人物とみなされるため、本能の働きによって投資への関心や評価がおのずと高まる。不動産投資に関する本を1冊読むだけでも無意識に小さな変化が起こるが、集団無意識を活用すれば、この変化をより簡単に起こすことができる。

また、セミナーの参加者と情報交換しながら交流を深めているうちに、その中から成功者が誕生する。「あの人は○○をやって成功したらしい」「あの人は○○でいくら儲けた」といった話を聞くことは自分にとって大きな刺激になる。オフラインセミナー*はオンラインセミナーよりも集中しやすいため、学習効果が高いというメリットもある。このオンライン時代にあえて対面で講義を聞く人が多いのはこれが理由だ。

自分のキャラ設定を変えること、そして実行の一歩を踏み出すことが肝心だ。今日中にオンラインセミナーとオフラインセミナーを一つずつ申し込んでみよう。最初の一歩となるチャレンジは難しいものだが、セミナー情報が集まるウェブサイトなどを見て、どんなセミナーがあるかをチェックすることから始めてみよう。

＊すごくおすすめ

ヤングリッチはどんな学習をしたのか？

5つの学習法をまとめた後、僕は30代前後で経済的自由を得た30人以上の友人に電話をかけた。そして、さまざまなメディアに登場する、経済的自由を手にした人々のステップを綿密に分析した。彼らは次の3つに分類され、例外はなかった。

1．生まれつきタイプ

遺伝的条件や、環境に恵まれているタイプだ。

生まれつきずば抜けた頭脳と実行力を持つ人は、一定の時間が過ぎれば経済的自由に達する。逆行者7段階モデルを備えて生まれたケースである。もしくは、環境に恵まれている。ソウル江南8学区〔名門高校や有名塾が密集するエリア〕出身や、名門大に進学して優秀な友達と出会い、若いうちからビジネスや投資に目覚めるというパターンだ。とりわけ頭がいいわけではなくても、幼い頃からお金を稼ぐ方法について学んで、討論したり、リアルな成功事例を身近で目にしたりするチャンスが多かったという幸せなケースだ。

もし『ファストレーンのお金持ち』『「週4時間」だけ働く。』『金持ち父さん 貧乏父さん』などの著者に子どもがいるなら、彼らはお金について学び、関心を持たざるを得ない環境で成長することになるだろう。しかし、こうした環境や遺伝子を持って生まれることはごくまれだ。何といっても、自分では選択の余地がないため、再現性がない。

2．週末セミナータイプ

一人で自己啓発書を読んでいるだけの人は、さほど成長できない。どんな形にせよ、本から学んだことを実践して試行錯誤しなければ意味がない。学習と実践が好循環して、ポジティブなフィードバックが生まれない限り、単なる夢物語で終わってしまう恐れがある。

月4千万ウォン以上稼ぐ知人の女性たちを対象に、簡単なインタビューを行った。彼女たちは全員、週末を活用したという共通点を持っていた。理学療法士、アートメイク講師、23歳のワーキングママなどそれぞれの環境は異なるが、時間の使い方がうまいという共通点があった。全員が平日は本業に打ち込み、週末を利用して財テクセミナーに参加していた。それも1～2カ月ではなく、1年以上コツコツと。

すでにお話しした通り、オフラインでセミナーを聞いて、同じ分野に関心を持つ仲間との交流を1年以上続けると、本人のキャラクターは完全に変わる。

経済的自由を手にするには365日、24時間ずっと何かをしなければならないのではないかとひるんでしまう人がいる。しかし、この事例からもわかるように、週末をうまく活用するだけでも十分だ。週末セミナーに参加して頭を切り替えておけば、平日に本業の仕事をする間もビジネスと投資について考え続けることになる。時間管理という面でとても現実的な方法だ。

僕も活用しているテクニックがある。これを「日曜日2時間戦略」*と呼ぶ。成長したいとき、僕は日曜日の午後1時にランチを食べた後、2時間だけ気が乗らないタスクをする。土曜日は必ず遊ぶことにしているが、日曜日の午後1時からの数時間はほどよくヒマであいまいな時間帯だ。この時間を活用して、平日は手をつけたくない活動に挑戦することにした。たとえば、2019年は〈イサンハンマーケティング〉の業務で大忙しだった。そんな中でも僕はYouTubeに挑戦してみたかった。でも、平日はまったくやる気が起こらず、「日曜日に2時間だけYouTubeを頑張ろう」と決心した。

その週の日曜日、2時間きっちりタイマーをかけてYouTube制作に取り組んだ。30分でセッティング、30分で台本作成、30分で撮影、30分で動画ファイルを整理して編集スタッフに送信。こうして2時間以内にやるべきことをすべて終えた。再三お伝えしてきたように、新たな試みは遺伝子の誤作動にたびたび妨害される。しかし、「逆行者のアクション」を「日曜日2時間戦略」によって実行した結果、僕は数十億以上の付加価値を得ることができた。その後も、どうしても手をつける気になれないけれど絶対にやりたい活動は「日曜日2時間戦略」を使って実行した。1週間に2時間だけ頑張ることで、数年後には順理者とは比べものにならないほど大きな結果が生まれる。

＊ぜひやってみよう！

3．本の虫タイプ

会社勤めをしたり、事業をしたり、大学に通ったりしながら、読書を欠かさなかったタイプ。株を始めるときは株式投資の本を読破し、不動産投資を始めるときは不動産に関する本を読みあさる。事業に着手する前には、マーケティングや経営に関する本を読みふける。どんなに忙しくても読書を後回しにすることはない。

読書の重要性についてはたびたび説明したので、ここでは触れない。おもしろいのは、学生時代はほとんど本を読まなかったという人が多いことだ。

僕もそうだったが、かつては読書嫌いだった人が、お金に興味を持ったことをきっかけに多読家になったケースである。このときの読書は、本を一字一句じっくり読んでいくスタイルではない。読み込まなくてはいけないという先入観を捨てて、よくわからない箇所は読み流してもいい。僕も1冊のうち、3分の1ぐらいしか読まないことも多い。内容が難しいと感じたら、その分野に関する知識が深まってきてから読み返せばいい。はじめは読みづらいというのは自然な現象だ。新しいことを学ぶときはまず簡単な本から読んで、少しずつ難易度を高めていくことをおすすめする。たとえば化学の勉強を始めるとしたら、僕なら『マンガで読む化学』とか『青少年のための化学のはなし』みたいな本を選ぶだろう。

経済的自由を得た人々は、以上の3タイプのいずれかに属していた。生まれつきタイプ、週末セミナータイプ、本の虫タイプ、3つのうち、あなたが選べるのは2パターンしかない。

経済的自由へと向かうアルゴリズムを設計する

「僕はニートだから無理ですよ」
「低スペック労働者だから、私にはできない」
「私は副業禁止の大企業に勤めているからNGですね」
「僕は中小企業で働いているので……」

こんな言い訳はもう通用しない。

ここからは、人生のパターンを大きく4種類に分けて、状況別に経済的自由を得る方法について解説する。単なる理論上の話ではなく、成功事例を具体的にご紹介していきたい。注意してほしいことがある。自分に当てはまるルートだけではなく、すべてのルートを読むようにしてほしい。人間は次の4つのうち、いずれかのグループに属している。

①サラリーマングループ：大企業の社員、中小企業の社員、公務員など

②低スペックグループ：日雇い労働者、キャリア断絶求職者、ニートなど
③専門職グループ：医師、弁護士、デザイナー、マーケッター、不動産仲介業者、カウンセラー、エアコンクリーニング士など
④事業者グループ：自営業者、起業家など

この4グループは置かれている状況が異なるため、これから選択できる人生のアルゴリズムも異なる。それぞれのケースについて、僕が考える最善のルートをお話ししていきたい。

1．サラリーマングループ

a．大企業に勤務している場合

大企業に勤務している人が次のようなルートに乗るのは事実上難しい。

就職↓　大企業↓　事業↓　投資

もちろん大企業で働きながら起業の準備をして成功する人もいるが、とてもまれだ。就業規則で副業が禁止されている会社もあるが、現実問題として時間が足りない。そこで、標準的なテクノロジーツリーは次のようになる。

就職↓　大企業↓　投資↓　事業

僕の友人であるスンホは、大企業に勤めるプログラマーだった。就職3年目まではほぼ貯金

をせず、わずかな種銭は28歳のときに株ですべて失ってしまった。30歳を迎えて、ふと将来への備えが必要だと思うようになり、再び種銭を作り始めた。

プログラマー8年目になったスンホの手取り月給額は400万ウォンだった。彼は毎月150万ウォンで生活し、250万ウォンを貯蓄に回して、2年で6千万ウォンを貯めた。

そして不動産投資の勉強を始めた。最初は種銭が少なくていい物件を買うことができず、築20年以上の仁川のアパートを競売で落札した。お金がないため壁紙や床材はネットで購入して、自分で張り替えた。こんなふうにリフォームを施した家は、1千万ウォンを上乗せした価格で売れた。

アパートはマンションとは違う。マンションには一定の相場があるが、アパートは建物と部屋のコンディションによる価格差が大きかった。そこで、会社勤めを続けながら週末に物件を見てまわり、数件の取引を重ねてさらに1億ウォンを貯めた。

この頃から、不動産に関するセミナーを聞くようになった。天安市〔韓国中西部のエリア〕のマンションを競売で2軒、一般売却で2軒買った。1・6億、1・45億だったマンションの価格がたちまち2・5億、2億にはね上がった。資金が増え、スンホは商業用不動産への投資を検討するようになった。熱心に研究を重ねて物件を見る目を養い、商圏を分析する力を身につけた。しかし、そこそこの物件でも相場は7億前後で、購入したい物件は10億ウォン台だった。そこまでの資金はまだなかった。

「どうすればもっとうまく資金を運用できるだろう？」

悩んだ末、スンホは高い商業用物件を買い取るよりも、いっそ手の届く物件で事業を立ち上げようと考えた。はるかに安い資金で始められるからだ。これが勉強カフェ経営のスタートだった。無人の勉強カフェなので、経営の自動化も容易だった。2年も経たないうちに勉強カフェは13軒にまで増え、店舗ごとに平均1千万ウォン前後の利益が出た。同時に土地を購入して、弘大〔ソウル随一の学生街でナイトスポットが多いエリア〕にワインバー〈ハムレット〉をオープンした。このとき、スンホは34歳だった。

スンホが賢かったのは、会社勤めを続けながら投資を学んで実行したという点だ。投資をしながら武器となるアイテムを集め、知識を深めたことによって脳の最適化が起きた。街を歩くだけで商圏を分析する能力が身についた。サラリーマン生活の間に基本テクニックを磨いたおかげで、わずか2年で兵士から最高司令官になったわけだ。無人勉強カフェはスンホの兵士だった。スンホは、逆行者7段階モデルを1段階ずつ踏んでステップアップしていった典型的なケースだ。

前述のノナウィも似たようなケースだ。大企業で9年働いていたが、慕っていた先輩がリストラされるのを見て自意識が解体された。財テク本を手にしたこともなかったところから、たった3年で会社勤めを続けながら、財テクで20億を手にした。彼もまた、自意識の解体、地道な読書、キャラクター変更、投資の勉強、起業など、必要な行動を着々と成し遂げていったケースだ。そのため、短期間で大きな財を築くことができた。

実際のところ、スンホとノナウィの成功要因の一つとして、「大企業での勤務経験」も無視できない。彼らは大企業で7年以上働いた。会社員として一般的な業務の処理能力や競争力、企画力を鍛え、レベルアップした状態で投資を勉強したことによって、通常よりはるかにスピーディに高い成果を上げることができたのだ。*

b. 中小企業に勤務している場合

まずは、中小企業と大企業の違いを見ていこう。大企業勤務の場合、給料は高いが、多様な業務を学ぶのは難しい。大きな組織の中で特定分野の仕事ばかりをしていると、全体像を見る目が育ちにくく、どうしても受け身になってしまう。逆に、中小企業は給料が少ないかもしれないが、入社数年で役員に昇進するのも不可能ではない。決まった仕事以外にもさまざまな業務を担当するため、一般的な経験値が上がり、能動性や自律性も身につく（単純な反復業務に従事している場合を除く）。あなたが社内業務をうまくこなし、周りからの評価も高い人材なら？まずは、役員に昇進するルートを狙いたい。

就職↓　中小企業↓　役員↓　事業↓　投資

中小企業に勤めながら、逆行者7段階モデルを実践してレベルアップしていけば、他の社員

＊一つの仕事を2年以上続けることは、その後の人生に必ず役立つ

に比べて圧倒的に優れた結果を出すことができる。経営陣に事業企画を提案*するといったルートも比較的開けており、スピード出世が望めるという点も中小企業勤務のメリットだ。

役員や幹部になれば事業全体を掌握できるようになり、子会社を任されるといった可能性が高まる。中小企業の役員の場合は、こうした独立のチャンスがきわめて多い。

一方、現在の勤務先で役員になれる可能性が低いのであれば、大企業勤務の場合と同じルートを歩めばいい。

就職↓ 中小企業↓ ヒラ社員↓ 投資↓ 事業

ただし、一般的に中小企業の月給は大企業より低いことが多く、資金を集めるのが難しい。

僕としては、次のようなルートをおすすめしたい。

就職↓ 中小企業↓ 事業↓ 投資

31歳のキム・ダウンという友人がいる。彼女は理学療法士として働きながら、経済的自由の夢をあきらめなかった。24歳からは毎週末、あらゆるセミナーに参加した。1年にわたって事業説明会や経済セミナー、財テク、アートメイクの講義などを受講したのだ。2年後に退職する頃にはスキンケアサロンを始める準備が整っていた。27歳のときにビューティーショップをフランチャイズ起業し、3年で120店舗を展開した。うち廃業店舗はゼロに近い。ダウンは完全な自由を得た。

愚か者は「会社の仕事を頑張ったって、社長が得をするだけだ」と思い込み、適当に仕事を

＊率先してアイディアを出そう

する。それではレベルアップすることはできない。勤め先があるというのは、お金をもらいながらスクールに通えるようなものなのだ。リスクは社長が負ってくれて、自分はあらゆるチャレンジができる夢のような機会だ。

2．低スペックグループ

あなたは、今から就職しようというほど若くはないかもしれない。あるいは、20代前半の頃の僕と同じように、スペックが低すぎて就職できずにいる状態かもしれない。離職や育児休業によって、キャリアにブランクができた状態かもしれない。配達代行や運転代行などの肉体労働によって何らかの資金を貯めている場合もこのグループに該当すると考えていい。

ここのグループに属する人は、経済的自由を手にすることはできないと感じていることだろう。僕もそうだったから、その気持ちはよくわかる。そこで僕は、低スペック労働を経て数百億ウォンを手にした3人の資産家に電話をかけた。次にご紹介するのは彼らのエピソードだ。

事例1

ソン事務長は4年以上、ナイトクラブで演奏する無名バンドのメンバーとして働いていた。周囲からは永遠にお金と無縁の人生を生きていくのだろうと思われていたが、彼はあきらめなかった。何のスペックもなかったので、3つのことだけを続けた。経済新聞を読むこと、セミナーを聞くこと、そして読書だった。ナイトクラブの楽屋で新聞や本を読んでいると、よく鼻で笑われた。それでもひたすら投資のために経済の勉強を続けた。そしてついに不動産投資でお金を稼ぎ、事業→投資の流れを経て、数百億の資産家になった。

事例2

YouTuberのネンチョルは高校卒業後、体育大学に入学し、この世にはモンスターのような肉体を持って生まれた人が多いことを知った。そして、自分には何もないと感じた。深刻な貧困に苦しめられてきたせいで社会への不満が募り、誰かににらまれたり因縁をつけられたりしたときは迷わず暴力で対抗した。

これではいけないと思い、富を築いた人々を研究した。そして、お金持ちのほとんどは、不動産と株で財を成したという結論に至った。その後、図書館で株の入門書を読むようになった。配達の仕事で1千万ウォンを貯めて株取引を始めた。30代前半になったときには、30億ウォンの資産を得ていた。彼はこれでもうお金の心配はなくなったと考え、夢だった世界旅行を始めた。

事例3

『ヤングリッチはどうやってSNSで一日2千万ウォンを稼ぐのか?』の著者アン・ヘビン。

21歳で結婚し、子どもを2人産むと24歳になっていた。誇れるスペックはなく、子育てで完全にキャリアが断絶した状態だった。アルバイト生活はもううんざりだし、まともにお金を稼ぎたかった。そこで、マーケティングのセミナーを聞き始めた。ブランディングとセールスに関する本を100冊以上読んだ。1年をかけて、お金を稼ぐ方法を学んだ。10種類以上のアルバイトをして資金を貯め、高額のセミナーも聞いた。その後4カ月でお金を稼げるようになり、月収が500〜1千万ウォンに達した。数年後に2冊の本を出版して事業を育て、26歳のときに月収2千万ウォンを超えて、お金から解放された。

いかがだっただろうか？　大企業ルート、中小企業ルートと同じように、低スペック労働から始めた人々も、本を読み、セミナーを受講するというステップを経ている。ここまで読んできた読者の中には「本当にそれだけ？　どうして本当の秘訣を教えてくれないんだよ！」と思う人もいるだろう。だが、本当にこれがすべてなのだ。

大部分の人は、お金を稼ぐ方法を学ぶことに嫌悪感を抱く。自意識に邪魔されるからだ。しかし、成功事例でご紹介した人々は、すでに逆行者になる準備が整っていた。「僕にはお金がない。そして、お金が必要なんだ」と認めることによって、自意識の解体がすでに完了していた。だから、自分より優れた人を探し、お金を出して学ぼうとしたのだ。お金を稼ぐ方法があるということを信じ、未来価値に投資した。そして、彼らは意識していたわけではないが、7段階モデルを実践していたという共通点がある。

スペックが低くて生活が苦しいなら？　まずは何でもやってみよう。フードデリバリーのバイトでも、日雇い労働でも何でもいい。「こんな仕事をするために大学まで出たわけじゃない」などと言い訳ばかり繰り返すのは、順理者のすることだ。無駄なプライドを捨てれば、自意識を解体するための大きな第一歩を踏み出すことができる。本能に逆行しなければならない。

どんな仕事でもいい。

どんな仕事にも、何らかの学びと世間の道理が詰まっている。僕は映画館のアルバイトによって、人生のターニングポイントを迎えた。映画館で働きながら、基本的なマナー、上下関係、接客の方法、仕事仲間と会話をする方法など、社会において必要な多くのことを学んだ。また、心理学の本を読破したことで、「映画館の仕事仲間と顧客の心理」を学ぶことができた。僕の人生における最大の変化だった。

積極的な姿勢で、あらゆる仕事に挑戦してほしい。僕がもし若かったら、できる経験はほぼすべてやってみると思う。家にひきこもって2年間起業の準備をするより、平日に3～4日でもアルバイトをしたほうがいい。僕なら夜は運転代行、早朝・深夜は配送サービスのドライバーをやる。華やかな職場ではなくても、謙虚な姿勢でどんなことでも学ぼうという意欲をもって臨めば、さまざまなチャンスが目に入ってくるはずだ。

大金持ちになった人は、スペックが低くて苦労した時代に鍛えた根性が、のちのち大きく役立ったと語ることも多い。そこに本さえあれば、この世のすべてが学びの場になる。何も考えずに楽で割のいいアルバイトをして、お酒を飲んでばかりいたら？ 人生が変化する可能性は0％だ。ボールを蹴ってもいないのに、サッカーが上達するはずがない。

3・専門職グループ

専門職↓ 高賃金↓ 創業↓ 投資

ここでの専門職とは、医師や弁護士に限らず、デザイナー、心理カウンセラー、窓ガラス清掃スタッフなど、専門技術を持っている職種すべてを意味する。

専門技術や知識を持つ人の場合、逆行者7段階さえきちんと実行すれば、成功は約束されたようなものだと断言できる。マーケティングを強化するだけでいいからだ。しかし、僕が知る限り、専門職従事者は自意識が強い傾向にあり、新しいものを受け入れたがらない人が多い。「私は弁護士なのに、わざわざマーケティングなんかする必要があるのか？」「俺は職人なんだ。向こうから頼んでくるだろう」と思ってしまうのだ。ここに思いもよらないチャンスがある。

〈イサンハンマーケティング〉は、起業初期に専門職マーケティングにおいて大きな成功を収め、以降弁護士、医師のマーケティングで全国トップレベルを維持している。

僕は全額返金保証制度を導入するほどに、我が社の業務に自信を持っている。なぜか？　専門職はマーケティングに力を入れさえすれば、ほとんどがすんなり成功するからだ。職人や専門職は仕事に対する意地とこだわりが強い傾向にあり、マーケティングを敬遠する。別の見方をすれば、この意地があるからこそ、高い専門性を備えることができたのだと言える。完全にニッチな市場だからこそマーケティングの成果が高く、途方もないチャンスがある。現に僕が〈イサンハンマーケティング〉で初めてマーケティングを手がけた実験対象であり、知人でもあるチョ弁護士は完全な経済的自由を手にした。

以前YouTubeで見た「3日間の窓拭きで1年分の給料を稼ぐ35歳」という動画を再生する前に、僕はサムネイルを見てこう予測した。「ブログマーケティングをしたんだな。『逆行者』に書かれていることと似たようなステップを踏んだに違いない」。実際に動画を見てみると、僕の予想通りだった。彼はブログマーケティングによって周辺エリアの注文を獲得した。窓清掃の仕事をしている人の多くはマーケティングに関心がない。そのため、マーケティングさえすれば一日50〜100万ウォンを稼ぐのは難しいことではない。専門職グループは比較的、成功しやすい分野なのである。

別の事例をご紹介しよう。

30歳の男性である僕の親戚は、携帯電話販売代理店を数年間経営していた。月1千万ウォンの利益を上げていた時期もあったが、コロナ禍と競合店の台頭によって、これが月600万ウォンにまで下がり、3年以上その状態が続いていた。不安になった彼はある日、酒を飲んだ帰りに我が家を訪ねてきた。そして悩みを語り、新しい事業を始めてもっと稼ぎたいと言った。僕はこう言った。

「いったい何を考えてるんだ？　きみは7年も携帯電話販売代理店をやって専門知識を身につけて、月600万ウォンの儲けを出しているんだ。これがきみのベストなのに、今さら業種を変えるって？　それはただの逃げだよ。自分の専門分野で月600万の稼ぎなのに、他の仕事をしてうまくいくと思うか？　まだマーケティングを試してもいないじゃないか。まずは今の仕事で月1500万ウォン稼ぐことを目標にしてみよう。ここであきらめるなんて負け犬だ」

そして、課題を出した。

ブログマーケティングを勉強して1週間記事をアップすること、そしてオンラインマーケティングに関連する本を読むことを指示した。1週間で若干の効果が現れた。ブログ記事を見た人から一日1件程度のペースで問い合わせの電話が入るようになったのだ。僕は可能性を感じ、こう提案した。

「僕のサポートで1カ月以内に利益が1600万ウォン以上になったら20％をくれ」

親戚は悩んだ末にこの提案を受け入れ、僕はブログマーケティングによって1カ月以内に利益を2200万ウォンにまでアップさせた。それ以来、僕の言葉をすっかり信頼するようになった彼は、僕が推薦した本をすべて読み、熱心に22戦略を実践している。

彼の店が町内で携帯電話の販売を独占するようになったことは言うまでもない。出版前にこの『逆行者』をＰＤＦで読み、まもなく月４千万ウォンを稼ぐようになった。わずか1年の間に起こったことだ。

成功の理由は簡単だ。長らく携帯電話の営業に携わり、その分野の専門知識をすでに持っていたこと。そのうえで、基本的なオンラインマーケティング（特にブログマーケティング）を学び、実践したこと。それだけだ。専門性を身につけているなら、これだけでもいい結果が出る。たいていは、それを活かす方法を知らないだけだ。僕もまた一定の専門性を備えていたおかげで、恋愛カウンセリングという初めての事業を大成功させることができた。

技術を身につけたなら、次はマーケティングをする段階だ。マーケティングの勉強はそんなに難しくない。絶対に、やらなければならない。

あなたが会社に所属するデザイナーだとしたら？　まずは逆行者7段階モデルを実践して、組織の中で〝なくてはならない存在〟になろう。それでも希望に沿った給料をもらえないなら、フリーランサーとして少しずつ仕事をしていこう。フリーランス向けプラットフォームを利用して活動しながら、マーケティングの研究を続けてほしい。その後、オンラインサイトを立ち上げて起業すればいい。簡単に言うけど成功事例はあるのか、って？　２０２３年現在、

kmong〔マーケティング、デザイン、ITプログラミングなどの専門職に特化した韓国のジョブプラットフォーム〕に登録されている、数十社のロゴ制作会社およびデザインプロダクションの社長のほとんどが僕の弟子だ。

あなたがもし開業医なら、オンラインマーケティングを学んだとたんに売上が数倍アップするだろう。弁護士の場合も同様だ。

あなたはこう反論するかもしれない。「この本をライバルが読んだら、この方法はもう通用しなくなるんじゃないですか?」。そんなことはない。世間一般の人々はほぼ順理者の人生を生きている。この本と出合っても、鼻で笑って閉じてしまうだろう。遺伝子の誤作動にさえぎられて、新しいことを学ぼうとしないはずだ。

だから、あなたは町で一番の事業者になれる。エリアの顧客を独占することができるのだ。

課題　今日すぐに時間を作って書店に行こう。そして、マーケティングに関する本を20冊ほど選び、気に入った本を3冊購入してみよう。

4.事業者グループ

事業者とは、企業を経営するオーナーのことだけを意味するわけではない。自営業者、起業家など、事業者登録をしたすべての人が当てはまる。このグループに属する人が実行すべきルートは、大きく「0円起業」と「資金力のある起業」に分けられる。

スペックが低くてどこにも就職できないか、年齢的に再就職が厳しいといったケースが考えられる。この場合はただちに0円起業、YouTubeチャンネル開設、コンテンツ制作などの準備を始める必要がある。仕事に就いていないなら、まずは生計を維持しなくてはならない。僕なら運転代行やアルバイト、日雇い労働などを始める。同時に、逆行者7段階モデルと5つの学習法を実践する。このルートにも、参考になる成功事例があるのでご紹介したい。

a．0円起業

2020年4月、21歳の青年が僕の口座に突然1千万ウォンを入金してくれた。「ジャチョンさんのおかげで、2カ月で5千万ウォンを稼げました」と。チャプター6でもご紹介した彼は、僕がブログに投稿した「日曜日の一日で0円起業をして、経済的自由を手に入れる」という記事の内容をそのまま実行して成功を収めた。

入金から5カ月が経ち、僕は彼がどうしているかがふと気になった。まだ会社はうまくいっているのだろうかと思いながら検索をしてみたところ、ロゴデザイナーの激戦区であるプラットフォーム、kmongでダントツ1位の座をキープしていた。2020年度の「kmong最高のデザイン会社」にも選ばれていた。彼は、デザインとは無縁で、特別な知識もなく、サポートしてくれる人もいなかった。ただ僕が教えた通りの方法を忠実に実践しただけだ。彼は弘益大学の美術学部の学生をスタッフとして雇ってレバレッジを利かせた。彼が読んだ僕のブログ記事とは、いったいどんな内容だったのか？　一部を修正して公開する。

なぜ0円での起業が可能なのか？

第一の理由は、モバイル・インターネット時代だからだ。かつて事業の初心者にできることと言えば、テナントを借りて営業する形の商売のみだった。開業資金としてかなりの額が必要だったことだろう。しかし現代は、お金を稼ぎやすい時代だ。無料ホームページ、無料マーケティングによって全国の顧客を集められるようになった。

0円起業が可能な2つ目の理由は、大きなノウハウが必要ないということだ。初心者が超初心者をサポートするサービスを提供すればいいというのが僕のビジネス哲学だ。必ずしもプロが超初心者をサポートする必要はない。お得な料金でサービスを利用したいという超初心者の需要は確実に存在する。このとき、サポートする人は初心者でもかまわない。

インターネットが登場する前はこうはいかなかった。

僕がヘアサロンを開業したとしたら、近所にもっと腕のいいサロンが登場した瞬間、僕は廃業せざるを得なくなる。固定費のせいだ。プロだけが生き残れる世界だった。しかし今はそうではない。初心者が超初心者をサポートすれば、お金を稼ぐことができる時代だ。ちなみに、僕はデザインセンスが皆無で、グラフィック用のソフトを使ったこともない。それでも、もし仮に今ロゴデザイン会社を作るとしたら、次のようなフローに従って毎月3千万ウォンずつ稼ぐ自信がある。

1．無料ホームページ作成ツールを利用して、ロゴデザイン業のサイトを立ち上げる。

2．ロゴ制作料金の相場を調査する。プロが作ったロゴは最低でも10万ウォンはするだろうが、kmongでは5万ウォンで販売していることを確認した。僕は初心者だから、ロゴ制作料金を2〜3万ウォン台に設定する。次に、ロゴ制作会社にロゴを発注して、注文から納品までの流れを調べる。一般的に、ロゴ制作会社は3種類のデザイン案を提示し、依頼者の希望に沿って修正を加えていくということがわかった。僕も3種類のデザイン案を準備する。

3．ロゴメーカーのプラットフォームを利用してロゴをデザインする。国内外にある数十のウェブサイトでは、ごく短時間でロゴをデザインできるようサポートしてくれる。

4．インスタグラムのスポンサー広告を申し込み、一日5千〜1万ウォン程度の費用で広告を出す。ブログ、インスタグラム、YouTubeなどを活用して、無料マーケティングをすることも可能だ。

5. サイトの信頼性を高めるために「6段階バランス理論」を適用して、「商品認知↓好奇心↓情報の取得↓疑い↓決済直前のためらい↓決済の簡易性」という顧客心理の流れを押さえたサイトを構築する。

6. 次第に注文が入ってくるようになる。1～2カ月やっているうちに、どんなデザインが好まれるのかがわかってくる。こうなると制作のスピードが格段に上がり、顧客満足度も高まる。純利益が月300万ウォンに達したら、次のステップに進む。

7. 単価を上げる段階だ。実務を続けつつ、ロゴについてしっかり研究する。デザイン実務に関する本を読んだり、業界トップ企業のポートフォリオを分析したりする。デザインスクールに通ったり、セミナーに参加したりしてもいい。

8. クチコミとマーケティングによって、次第に需要が供給を上回る。制作可能なロゴの数より依頼件数のほうが多い状況になったら、価格を徐々に上げて需要をコントロールする。

9. 事業自動化のためにスタッフを雇用したり、アルバイトスタッフを教育したりする。デザイン商品のランクをプレミアム、スタンダード、ライトなどに分けて、価格を差別化する。売上規模が大きくなったら、会社を設立する。その後、経営に関する書籍を読んで事業拡大の方法、BtoB市場の開拓などについて学んでいく。

10．ロゴ制作会社の運営が安定してきたら、周辺事業（ウェブデザイン、バナー広告、ホームページ制作）などに参入して、事業を大きくしていく。

11．この成功体験をベースに、他の事業も無資本で起業する。

7番以降は企業形態の発展で、6番まで実行するだけでも十分に生計を立てられる。

このブログ記事を読んだ人々は、どんな成果を上げたのだろうか？

前述の21歳の青年は〈GRIDA〉を創業してkmongの賞を受賞し、ステッカー事業を営んでいた26歳の女性は僕のコンサルティングによって路線を変え、〈HERU〉というロゴ制作会社を設立して1年で急成長を遂げた。

オフラインのイベントを開催すると、「毎月1千万ウォン稼げるようになりました。本当にありがとうございます」と言って、贈り物をくれる人がいる。彼らはみな、このブログ記事を読んで事業を始めたと話してくれる。だから「特技がない」「資金がない」といった言い訳は通用しない。初心者が超初心者をサポートできる市場はどこにでもある。興味を持っている分野があるなら挑戦し、初心者レベルの実力がついた時点で起業すればいい。

b. 資金力のある起業

資金力のある起業は、0円起業より簡単だ。ところが皮肉なことに、往々にしてウェブが基盤ではないため大金を稼ぐのは難しいと僕は考える。

おかしな話ではある。なぜ大きな資金を投じてまで起業をするのに、お金をがっぽり稼ぐことが難しいのか？　理由を見ていこう。

僕が手がけているPDF本販売事業の場合、一日あたり、1冊29万ウォンの本が6冊程度売れ、1カ月で5千万ウォンの純利益が残る。しかしカフェ事業の場合、いかに賢く経営したとしても、店舗面積のキャパシティに制限されるため月1千万ウォン以上の稼ぎを出すのは難しい。

こうしたオフラインでの起業は賃料や設備使用料、材料費などの固定費、加えて人件費のボリュームが大きい。24時間営業が可能な業種でなければ、営業時間の制限もある。その代わり、のるかそるかの0円起業に比べると、創業初期に成功をつかみやすいという長所がある。かつての僕に1～2億ウォンの資金があったとしたら、簡単な自営業を始めて、試行錯誤しながらレベルアップを試みたと思う。創業初期に重要なことは収入ではなく、経験だからだ。資金のある起業のテクノロジーツリーは次の通りだ。

1. 逆行者7段階モデルを実行する。
2. カフェを開くなら、関連書籍20冊を読む。焼肉屋を開きたいなら、関連本とマーケティングの本を20冊読破する。これだけでもエリア内では負け知らずのゲームが始まる。
3. インスタグラム、*ブログ、YouTubeなど、宣伝に使えるプラットフォームについて研究する。本を読んでもいいし、セミナーを受けてもいい。あまり期待をしすぎず、本に出てきたマーケティング手法を少しずつ実行してみる。
4. 以上だ。実のところ、3番までをきちんと実践できる自営業者はほとんどいない。これらを熱心にやるだけでも、エリア内で上位10%の人気店を作ることができるはずだ。
5. さらに上を目指したいなら、22戦略、脳の自動化によって知能を向上させよう。問題解決能力を高めなくてはならない。自営業はフランチャイズ化や、直営でも多店舗展開、新たな事業拡大などによって進化を遂げることができる。

＊インスタグラムのリールによるマーケティングをぜひ研究してみてほしい

僕は2021年から江南で〈欲望のブックカフェ〉を運営している。お金稼ぎが目的ではなく、いいアイディアがひらめく空間を提供したいという思いで作ったカフェだ。

ところが、オープンからほどなくして人気カフェになった。ネイバーの飲食店レビューで、江南エリアのカフェの1〜2位を争っている。先日は新聞とテレビでも紹介された。こんな話をすると、必ずこう言う人がいる。

「〈欲望のブックカフェ〉はルーフトップがあるし、インテリアもおしゃれですからね」

この物件は、僕が買い取る前からもともとブックカフェとして営業されていた。2度訪問したことがあるが、1度目は来店客が自分だけで、再び訪れたときは僕以外にもう1組しかいなかった。一日の客は2〜3組程度で、繁盛しているとは言えなかった。僕はここを居抜きで購入した。ブックカフェをリニューアルオープンした際、特別なマーケティングはしていない。ただ、「ソウル　ブックカフェ」でネット検索したとき、一番上に出てくるようにすればいいと考えた。インターネットでマップの上位に表示される方法を調べてみたところ、簡単に仕組みがわかった。

オープンするやいなやネイバーマップで一番上に表示されるようになった。それから、インスタグラムをアップデートした。1カ月の売上が月90万ウォンにも満たなかった空間が、買収から2カ月で売上2千万ウォンの人気カフェになった。まさにこれだ。商売は、がむしゃらに頑張ればうまくいくというものではない。絶対に必要なことだけをやればいい。じゃあ、その「絶対に必要なこと」はどうすればわかるのか、って？　逆行者7段階モデルに立ち返ってほしい。そして、このチャプターでお話しした、お金を稼ぐ2つの原理（220頁）を忘れないでほしい。

〈欲望のブックカフェ〉*は人に幸福感をもたらすのだ（収益が出たらコーヒーの価格を下げるなど、利益度外視でサービスを提供することを意識している）。

僕をお金持ちにしてくれた「本質強化」とは？

失敗する事業者は、言い訳をしたり、従業員のせいにしたりするばかりで何もしない。「本質強化」という概念自体がないのである。問題解決能力がないため、ぼやぼやしているうちに廃業してしまう。〈欲望のブックカフェ〉を例に挙げてみよう。〈欲望のブックカフェ〉は、前述の通り、利益追求というよりも、自己実現を目的として生まれたカフェだ。そんな利益度外視であるはずのカフェが、開業するやいなや売上20倍に成長したのは、明らかに何かが変わったからだろう。その理由について、本質強化の観点から話してみたい。

〈欲望のブックカフェ〉が入る物件はもともと、長所が多かった。江南の中心地に位置してお

＊最近、スマホの持ち込み禁止のルールを導入したことによって売上が上がった。本質を強化することが重要だ

り、ルーフトップがあって眺めがよく、インテリアもしゃれている。周囲も静かでブックカフェにぴったりだ。しかし、短所のほうがずっと多かったせいで、1カ月の売上が100万ウォン弱という悲惨な状況だった。

無力なオーナーほど、問題点について「これはどうすることもできない」と言い訳するが、僕は次の7つの短所をこう変えていった。

1．階段がモダンだが、長すぎてのぼる気になれない

↓階段の途中にハイセンスな文章や名言などを印字して、お客さんがこれらを読みながらのぼってこられるようにした。これによって心理的に「階段が長い」と感じにくくなる。

2．テラスのテーブルは素敵だが、店内からの外の眺めをさえぎっている

↓テーブルをなくして、アウトドアチェアを置いた。人工芝を敷き、店内から見たときにやすらぎを感じさせる。

3．トイレを使うとき、外にいる人に音が聞こえそうで不安になる

↓USBスピーカーを購入してジャズミュージックをかけた。外に音が漏れることがなく、トイレを使用する人も居心地の悪さを感じることがない。

4．ルーフトップの芝の手入れが行き届いておらず、デコボコになっていることが多い

↓ルーフトップの芝はすべて人工芝に変え、一年中、緑の色彩を楽しめるようにした。

5．看板の位置が微妙で、目に止まりにくい

↓2階テラスのガラス窓に「欲望のブックカフェ」という大きな切り文字看板を設置し、1階の外には立て看板を置いた。

6．店内がとても静かなので、シャッター音が気になって写真を撮りづらい

↓「セルフィーゾーン」を店の外の階段部分に設け、「写真を撮るためのコーナー」を用意した。この写真が自然にSNSで広まり、マーケティング効果を発揮した。

7．ブックカフェで検索しても出てこない

↓「ソウル　ブックカフェ」で検索すると、一番上に表示されるようにした。ネイバーマップでトップに表示されて一日5人ずつお客さんが来るだけでも、1年で1800人以上になる。彼らによるクチコミやSNS投稿の影響を考えると、マーケティングはこれだけでも十分だ。

事業でお金を稼ぎたいなら「本質強化」と「マーケティング」、この2つさえあればいい。Googleが世界最高の企業の一つになれた理由は、数千人のプログラマーが毎日必死に検索エンジンの本質を強化したからだ。

韓国ダイソーの成長率が毎年アップしているのは、「流通構造」の非効率を最適化して、本質を強化したためだ。この世のすべてのビジネスには問題点がある。すでに十分なお金を稼いだ完璧に近い企業でさえ、本質強化を続けている。

iPhoneを見よ。毎年数千人の開発者が本質を強化して、デザインと機能を改善したうえで新製品を発表する。

「事業をする」というのは、社長になるとか権力を振るえるようになるとか、そういうことではない。何も考えずに座ってお金を稼ぐ、つまらないゲームでもない。

どんなビジネスにも必ず非効率が存在する。事業の問題解決をして本質を強化することに成功した人だけが大金を手にすることができる。自意識に囚われて合理化ばかりしていたら、その先に待っているのは倒産しかない。本質の強化を忘れないでほしい。そして、本質を強化するには問題解決能力が必要であり、この能力を高めるには知能を向上させなければならないという事実も。

このチャプターでは、経済的自由を手にする方法について説明してきた。すでに経済的自由を獲得した人々がどんなルートを踏んだのか、人生の状況別にアルゴリズムを提案した。こうした形式の文章はほとんどないため、最初はピンとこないかもしれない。いずれにせよ、何も実行しなければ強く心に響かず、すぐに忘れてしまうだろう。より完全な知識にするために、それぞれのルート別に要約をしてプランを作成してみてほしい。身近な人の実例を書いてみてもいいだろう。書いたものは、ブログなどに必ずアップしてほしい。あれこれ実践した後で本書を読み返してみれば、今とはまた違った感じ方ができるはずだ。「経済的自由を手にするための公式があるんだな」ということを認識するだけでも、このチャプターの目的は達成できたと言える。

CHAPTER 8

逆行者7段階

逆行者のサイクルを回す

愚か者の完璧さではなく、
賢者の失敗を
基準にせよ

――ウィリアム・ブレイク

逆行者はシーシュポスの刑罰をレベルアップのチャンスに変える

あなたが賢い人なら、こんな疑問が浮かんでくるに違いない。「どれぐらいのお金持ちになれば、幸せになれるのか？　ジャチョンははたして幸せなのか？　幸せとは何なのか？」

僕はこの疑問を解くために、遅い年齢で大学の哲学科に入学した。幸せについて絶えず問い続けたが、ある瞬間から問わなくなった。自分なりの真理を見つけたからだ。それ以来、どうすれば幸せになれるのかが気にならなくなった。

なぜなら、いつも幸せだったからだ。

ギリシャ神話には「シーシュポス*」という人物が登場する。彼は神々を欺くという罪を犯し、ハデス〔死者の国を支配する神〕によって巨岩を山頂に押し上げるという罰を命じられる。山頂の近くまで岩を押し上げると、岩は転がり落ちる。シーシュポスは再び岩を山頂まで上げるが、岩はまた転がり落ちてしまう。永遠に。まさに苦行だ。僕たちの人生もこれと変わらない。たとえば、「愛を完成させたい」と願っている人がいるとしよう。この人には、シーシュポスのような課題が与えられる。

＊人間＝僕たち＝あなた

1. 何度も失恋を経験する。
2. 失恋によって傷つくが、やがてパートナーと出会う。しかし、相手とたびたび衝突する。
3. 結婚をするが、パートナーとの衝突が深刻化する。
4. 子どもを授かり、子育てに全神経を注ぐようになる。大量の育児・家事が発生する。
5. 子どもが成人するまで、学業、健康にまつわるさまざまな問題が発生する。
6. 子どもの独立によって、人生にむなしさを感じる。
7. 人生の意味を探しはじめる。
8. 失敗と成功を死ぬまで繰り返す。

あなたが大企業の会長でも、世界最高レベルのサッカー選手でも同じことだ。

このような無数の問題に必ず直面する。年収1億ウォンを稼ぐ人は、年収2億を望む。100億ウォンの資産を持つ人は「今のままでも悪くないが、300億あればもっといいのに」と言う。

国内でビジネスを掌握した事業家は「世界を掌握したい」と願う。16世紀に天下を統一した豊臣秀吉は、二度にわたる朝鮮出兵を決行した。世界屈指の事業家イーロン・マスクは「火星移住計画」を進めている。

なぜ人間は現状に満足できないのだろうか？

それはずばり、ドーパミンのせいだ。

僕たちは目標を設定してこれを達成する過程で、ストレスと快楽を同時に感じる。結果を出せたときは、ドーパミンが分泌されて幸せな気持ちになる。ところが、この感情は長続きしない。脳は「ドーパミンをもっと出さなくては！　新たな目標を作れ！」と僕たちを鞭打つ。もし新たな成果を出せなければ、脳は鞭を振り回して、「不安」「憂うつ」「焦燥」という感情をもたらす。

僕たちの人生は不幸すぎやしないか、って？

ショーペンハウアーが言った通り、生きることは苦痛なのだろうか？

そういう考え方もある。ただし、僕たちの人生はシーシュポスのそれとは違う。シーシュポスは巨岩を山頂に押し上げてもすぐに「初期化」される。しかし僕たちは目標を設定し、失敗する過程で成長していく。知恵を得る。よりよい人生を手にする。そして完全なる自由に向かって進んでいく。つまりシーシュポスとは違って、僕たちはレベルアップを通して「自由」という報酬*を手にすることができるのである。

僕は読書を始めてから今まで、シーシュポスのように何度も岩を山頂まで押し上げては落としてきた。ところがある瞬間、お金、時間、精神の自由を獲得した状態になった。

「遊んで暮らせばいいのに、どうしてまだ働くのか」と聞かれることもある。今も本を書くという岩を頂上に押し上げる罰を受けているが、そんな中でもゆとりがあって、幸せだという言葉しか出てこない。一つの目標を達成したら、次の目標を設定して達成しろと自分に命じるようにしている。僕は逆行者7段階モデルのおかげで失敗をすることがない。成長が止まらず、より大きな仕事を次々と成功させている。

人間がシーシュポスのように不幸になってしまう理由は簡単だ。

＊幸せ

原因1．成長の方法を知らない

自意識が解体されていない人は、いつまで経っても成長できない。結局、シーシュポスのように足踏みをすることになる。その決定的な原因となるのは、自意識、遺伝子の誤作動、知能の不足、無為無策だ。逆行者7段階モデルを知っている人は「正しいステップ」を理解しているため、このステップを踏んでひたすら成長していく。

原因2．富を得られないストレス

理性は「お金は人生において重要なものじゃない」と叫ぶが、本能は「頼むから、もっとがっぽり稼いでくれ。そして自由に生きよう」とたびたび命じる。富への欲求がいつまでも満たされない。言い訳を繰り返して自分を納得させようとするが、それにも限界がある。脳はドーパミンを増やすことができず、人間に「憂うつ感」という罰を下す。

原因3．成長が止まって劣等感が募る

成長の止まった人間に唯一できることは「はしごを登る人を引きずりおろすこと」だ。誰かがうまくいっているのを見ると我慢できなくなり、何とかして粗を探そうとする。同年代の成功者を見ると劣等感にさいなまれる一方、どん底に落ちぶれた姿を見るとうれしくなる。しかし、自分のキャラクターを確立している人は違う。他人がうまくいっていても、引きずりおろ

したいとは思わない。「私もきっと成長できる」という自信があれば、劣等感によって傷つくことはなく、成功した人から学ぼうとする。自分には成長の可能性がないと感じていると、劣等感が募って不幸だと感じる。

遺伝子の命令に従って順理者の人生を歩む*のは、シーシュポスのように生きるということだ。しかしシーシュポスのような一生の課題があっても、幸せを味わう経験を繰り返しながら自由を手に入れていけば、人生の逆行者になることができる。

逆行者になるには7段階を実行すればいい。その中で、必然的に「失敗」と向き合うことになる。あなたがもし月1千万ウォンを稼げるようになったら、これを1500万ウォンに上げようという次の目標ができる。それまで以上に難易度の高いゲームが始まり、失敗や敗北の確率も上がる。人生において敗北に直面することは避けられないが、そこで人間は成長する。1ゲームも負けたことのないテニス選手はいない。一度も敗北を経験していないサッカー選手はいない。世界最高レベルのスポーツ選手は、数千回の敗北の中で成長を重ねていく。そして全盛期を迎えるのだ。

1. 小学生のときに天賦の才能を持っていたとしても、中高生にはかなわない。敗北する。

＊自意識ゾンビについて復習しよう！

2. 中高生のときにどんなにスポーツが得意でも、プロ選手にはかなわない。敗北する。
3. プロ選手になっても、そのリーグのトップの選手には敗北する。
4. リーグでトップになっても、世界に出れば敗北する。
5. 世界で通用する選手になっても、以前の自分の記録に敗北する。あるいは、若手有望株に敗北する。

このステップを繰り返して、世界最高レベルの選手になる。敗北を重ねることによって、スポーツ選手は「世界最高」というタイトルを得る。逆行者7段階モデルを実行して失敗を重ねることで、一般人は「自由」というタイトルを得る。

実際、人生というゲームとスポーツの試合に大きな違いはない。なぜなら「次の目標」は、今まで相手にしてきた敵よりも必然的にレベルが高くなるからだ。失敗をしてこそ「レベルアップ」ボタンを押すことができる。人生が安定してくると、ドーパミンは「新しいものを手に入れろ」という命令を下す。これを手にする過程で、苦痛と失敗が繰り返される。このとき近道となるのが逆行者7段階モデルだ。これを知らない順理者は、失敗をすると自意識や遺伝子の誤作動に邪魔されてレベルアップの機会を逃してしまう。

■順理者は「〇〇のせいだ」「社会の仕組みがおかしい」「成功できた人はズルをしたに決まってる。僕が悪いわけじゃない」「親ガチャにハズレたんだ。金持ちの家に生まれたら、いい教育を受けられたのに」などと言い訳して、レベルアップの機会を逃す。

■逆行者は「僕は高い目標を立てたから、失敗して当然なんだ。今後どんな部分を補っていけば次のレベルに進めるだろう？　脳の最適化をすべきか？　自意識の解体か？」と改善できる点を探す。

親や遺伝子、社会に対して不満を言っている場合ではない。現状と向き合って、これから何をすべきかを考えよう。逆行者7段階モデルを実行すれば、世界最高レベルとはいかなくても、必ず人生の自由を手にすることができる。

いつ経済的自由が手に入るのか？

経済的自由が近づいてくるのはいつなのか？

答えを教えよう。

あなたがレベル1だと仮定する。ここから7段階を実行して、失敗を経験する地点に到達すれば、レベル2にアップする。7段階の実行と失敗を繰り返してレベルを高めていくと、やがてレベル20に到達する。まだ特別な結果を出すことはできないが、精神的に成長する。周りの人が幼稚に思えてきて、世の中の見え方が完全に変わる。以前より頭の回転スピードが上がり、社会を読み解く力が高まる。最初に読んだときはちっとも頭に入ってこなかった本の内容が、理解できるようになってくる。読書が習慣になり、おもしろさを感じはじめる。

レベル20に到達すると、成果が出てくる。会社員であれば同僚よりずっと高い評価を受けるようになり、商売を始めたとしたらかなりの収益が出るようになる。ここからは慣性の法則によって、急成長していく。その途中で、過剰になった自意識による邪魔が入るだろう。引き続き、7段階の実行と失敗を積み重ねて、自分を客観視することを忘れてはならない。すでにお話しした通り、何ひとつ実行に移さずに本を読んで空想ばかりしていても無駄に自意識が強くなるだけだ。

7段階を反復するうちにいつしかレベル50になり、すでに経済的自由に達している自分に気づくことだろう。人によって才能が違うため、数年で到達する人もいれば、10年かかる人もいる。残念がることはない。順理者として本能に従って生きた場合より、少なくとも3倍は早く成果が出せるはずだ。

それでも失敗に直面することはあるだろう。イーロン・マスクですら、何度も失敗して苦しんでいる。人間は目標を達成すればするほどより大きな成功を目指すようになり、目標が高くなる。たとえば僕は、『逆行者』を出版して1年足らずで累計40万部を突破するという記録を打ち立てた。みんなにうらやましがられるが、僕の中には「次は1年で60万部を突破する本を出さなくては」という目標ができる。難易度がアップし、失敗の確率も高まる。

僕はこれが、シーシュポスの罰のように終わりなき挑戦であることを知っている。

それでも、失敗は自分をレベルアップさせて豊かにしてくれるものだとわかっているから、むしろ胸が高鳴る。

これこそが逆行者のマインドだ。僕は人間の本性を知っているため、本能的な恐怖を「幸せ」という観点から見ることができる。繰り返すが、失敗するということは、つまりレベルアップしているということだ。遺伝子プログラムは「失敗は死と同じだ。絶対に回避しろ」とささやきかけてくるが、僕はこれが遺伝子の誤作動に過ぎないと知っている。*

遺伝子、無意識、自意識の命令に逆行したとき、完全な人生の自由を手にすることができる。

＊失敗がどういうものなのかを理解できれば、それは怖いものではなく、自分の助っ人であることがわかる

エピローグ

逆行者になって
完璧な自由を
享受せよ

21歳の冬、ある女性に恋をした。安山でトップの高校を卒業し、ソウルの名門大学に通う才色兼備の女性だった。僕はと言えば、相変わらず最悪の人生を送っていた。彼女に近づく術がなかった。同じ教会に通って接点を作ろうとすることしかできなかった。

ある日、僕たちは駅でハンバーガーを食べながら、幸せについて話していた。彼女にこう聞かれた。

「お金持ちとして生きるって、どんな感じなんだろうね」

「お金と幸せは別ものだよ。財閥とかのお金持ちでも自殺したりするじゃないか。僕はお金で幸せが得られるとは思わない。幸せは精神にあると信じている。だから、哲学と心理学に興味があるんだ」

彼女はしばらく沈黙してから口を開いた。

「うちの母はこう言ってたの。『あのね、スア。お金持ちが不幸だと言えるのは、お金持ちだけなのよ。本当にそうなのか知りたいなら、お金持ちになってみなさい』って」

僕は言葉を失った。自分がお金持ちになれる可能性はゼロだと信じていたからだ。

長い年月が流れ、僕は経済的自由を手に入れた。そして「お金は幸せをもたらすのか?」という質問に答えられるようになった。

「お金が幸せを保障するわけじゃない。ただし、人生の自由を保障してくれる可能性は高い」

本書では、経済的自由とお金についてお話ししてきた。でも、本当に伝えたかったテーマは幸せについてだ。もし僕が幸せに関する本を書いたとしたら、誰も読まなかったに違いない。だからお金というテーマを使って、幸せになる方法について語ることにした。

僕が過去の苦しみから抜け出して、本当にやりたいことに没頭できているのは、あくまでも経済的自由を手に入れたおかげだ。

お金そのもののために生きる人はいない。お金は幸せをつかむ手段に過ぎない。逆に言えば、だからこそ重要だ。逆行者7段階モデルを何度も強調したのは、それが経済的自由を手にする方法であると同時に、自分を幸せにしてくれる手段だからだ。

人生がうまくまわりはじめた頃から、僕はずっと考え続けていた。

「僕みたいに愚かで劣等な人間の人生が、これほどまでに変わったのはなぜなのか？　僕の成功を体系化すれば、他の人にもその方法を伝えられるはずだ」

自分が体験したことを我ながら不思議に思い、10年以上にわたってその理由を分析してきた。そうやってひたすら考え抜いて理論・体系化したものが「逆行者7段階モデル」だ。

1段階において自意識を解体しない限り、不幸から抜け出すことは難しい。成長したい、発展したいという欲求は誰にでもあるものだ。しかし過剰な自意識に囚われると、単なる説教くさい人間になってしまう。自分では何も成し遂げられないから、やたらと若者に説教をして自己満足するようになる。傷つくことを恐れ、自分だけが正しいと信じる説教人間になってしまうのだ。

こんなふうに逃げ続けて何度もチャンスを逃し、幼い頃に夢見た素敵な人生がますます遠ざかっていく。逃したチャンスを合理化するために、いっそうゆがんだ人生を歩んでいくことになる。これではどうしたって幸せにはなれない。

4段階の脳の最適化も幸せに近づく方法だ。脳を最適化して、知能をアップすることができたら？　意思決定力が高まる。人間が不幸になるのは、誤った決定をしてしまうせいだ。人生の分かれ道に立つたびに、正しい方向を選択し、ベストを尽くして可能性を探ることができれば、幸せになる確率が高まっていく。

このように逆行者7段階モデルの全段階は、お金を稼ぐ方法という体を装ってはいるが、実は幸せに生きるための話だ。僕は未熟者だから、まだ大きな成功を遂げられてはいない。世の中には僕より賢い人やお金持ちの人が数えきれないほどいる。だから、はたして自分がこんな本を出してもいいのだろうかと、2年間迷い続けていたのも事実だ。

でも、結局は勇気を出した。世の中には、昔の僕のように生きている人が多い。僕はそんな人々にこう伝えたい。

「世の中は本当に不公平で、解決策はないと思ってるよね？　そんなことはない。方法はある。公式があるんだ。僕もきみと同じように、こんな人生は何かの間違いじゃないかと思うくらい不安だったし、絶望していた。騙されたと思ってやってみてほしい。読書を始めてみよう。そして、こじれにこじれた防衛機制を外してみよう。人生が完全に変わるから。この世界がどんなゲームより楽しい空間になるんだ」

これは過去の自分に送りたいメッセージでもある。

僕は今、幸せだ。

時間から、人間関係から、お金から自由になれた。

毎日が期待と自信に満ちている。永遠に死ぬことなくこの楽しみを味わっていたい。昔の僕のような人々にも、こんな気持ちを感じさせてあげたい。

「あなたが絶対に越えられないと思っているその壁は、実はなんてことのないものなんだ！」

と伝えたい。

僕の話は以上で終わりだ。

生きていれば一度ぐらい、僕たちが出会うことがあるかもしれない。そのとき、あなたが生まれ持った運命から抜け出して、本能に逆らう逆行者になっていることを祈る。

僕を逆行者へと導いた本のリスト

レベル1
★☆☆

『富者の遺言
──お金で幸せになるために大切な17の教え』
泉正人著、サンクチュアリ出版、2014年

■本を1冊も読んだことがないなら、この本から始めてみよう。簡単に読める良書。

『スマホ脳』
アンデシュ・ハンセン著、新潮社、2020年

■脳を効率よく使う方法を易しく説いた入門書。

『トマトが切れれば、メシ屋はできる 栓が抜ければ、飲み屋ができる』
宇野隆史著、日経BP、2023年

■ビジネス書の中でもっとも読みやすく、洞察力に優れている。

レベル2

★★

『48-Hour Start-Up : From idea to Launch in 1 Weekend』

Fraser Doherty著、未邦訳、2016年

■20代でSuperJamを作ったスーパーリッチ、Dohertyの本。

『「週4時間」だけ働く。』

ティモシー・フェリス著、青志社、2011年

■M・J・デマルコ著『ファストレーンのお金持ち』、ロバート・キヨサキ著『金持ち父さん 貧乏父さん』と並ぶ、経済的自由について書かれた有名な本。

『The Entrepreneur Equation : Evaluating the Realities, Risks, and Rewards of Having Your Own Business』

Carol Roth著、未邦訳、2011年

■事業と商売の違いがわかる。本書の概念は僕に大きな影響を与えた。

『脳を最適化すれば能力は2倍になる 仕事の精度と速度を脳科学的にあげる方法』

樺沢紫苑著、文響社、2016年

■精神科医による脳科学の本。最近読んだ本の中で一番よかった。

『How to Fail at Almost Everything and Still Win Big : Kind of the Story of My Life』

Scott Adams著、未邦訳、2013年

- ティム・フェリスの『巨神のツール（Tools Of Titans）』にインスピレーションを与えた本。簡単に読める。

『Rush : Why You Need and Love the Rat Race』

Todd G.Buchholz著、未邦訳、2011年

- 著者は、世界的な経済学者であり、ジョージ・ブッシュ政権下で経済政策委員などを歴任。競争と進化について書かれているが、幸せとは何かを教えてくれた。

『死ぬこと以外かすり傷』

箕輪厚介著、マガジンハウス、2018年

- 日本の有名編集者が書いた、仕事術についての1冊。

『ファストレーンのお金持ち : 豊かさの謎を解き明かし、一生リッチに生きるためのドライビングテクニック』

M・J・デマルコ著、花泉社、2013年

- 経済的自由について書かれた有名な本。
  10年以上前の本だが、一度は読んでほしい。

『アイデアのちから』

チップ・ハース、ダン・ハース著、日経BP、2008年

- 数千年にわたって使われてきた言葉には、どんな法則があるのか？
  事業やマーケティングに興味のある人は必ず読むべき1冊。

『UNSCRIPTED : Life, Liberty, and the Pursuit of Entrepreneurship』
M・J・デマルコ著、未邦訳、2017年

■『ファストレーンのお金持ち』に続いて、5年ぶりに出版された本。僕は前作より好きだ。

『古い道具入れ』
チョン・ジョンファン著、未邦訳、2010年

■進化心理学の入門書としておすすめ。

『シリコンバレー式超ライフハック』
デイヴ・アスプリー著、ダイヤモンド社、2020年

■シリコンバレー保健研究所の会長で、防弾コーヒー、完全無欠コーヒーと呼ばれるバターコーヒーを考案した起業家が教えるライフハック。

レベル3
★★★

『Brain View : Warum Kunden Kaufen』
Hans-Georg Häusel著、未邦訳、2008年

■人間の心理全般と購買心理について教えてくれる。

『ファスト&スロー
あなたの意思はどのように決まるか?』
ダニエル・カーネマン著、早川書房、2014年

■ 行動経済学の創始者であり、ノーベル経済学賞を受賞した心理学者の本。難易度はやや高いが、一度は挑戦してみてほしい。

『女と男のだましあい:ヒトの性行動の進化』
デヴィッド・M・バス著、草思社、2000年

■ この本さえ読めば、人間のほぼすべての心理構造を理解することができる。

『The Organized Mind : Thinking Straight in the Age of Information Overload』
Daniel J.Levitin著、未邦訳、2014年

■ 僕の人生を変えた本。脳を効率的に活用する方法が書かれている。

『知能のパラドックス:なぜ知的な人は「不自然」なことをするのか?』
サトシ・カナザワ著、PHP研究所、2015年

■ 知能によって、人の行動パターンがどのように変化するかを説く。

『脳はあり合わせの材料から生まれた
──それでもヒトの「アタマ」がうまく機能するわけ』
ゲアリー・マーカス著、早川書房、2009年

■ 人間の心理エラーについて書かれた本。

逆《ぎゃっ》行《こう》者《しゃ》

お金《カネ》 時間《トキ》 運命《ガチャ》から解放《かいほう》される、人生戦略《じんせいせんりゃく》

2024年6月5日　初版発行

著者　ジャチョン
訳者　藤田麗子

発行者　菅沼博道
発行所　株式会社 CCCメディアハウス
〒141-8205
東京都品川区上大崎3丁目1番1号
電話 販売 049-293-9553
　　 編集 03-5436-5735
http://books.cccmh.co.jp

ブックデザイン　小口翔平＋畑中茜＋神田つぐみ（tobufune）
DTP　株式会社明昌堂
校正　株式会社文字工房燦光
印刷・製本　株式会社新藤慶昌堂

ISBN 978-4-484-22115-1